Justice militaire et violences sexuelles constitutives de crimes internationaux en RDC

Collection « Études africaines »

dirigée par Denis Pryen et son équipe

Forte de plus de mille titres publiés à ce jour, la collection « Études africaines » fait peau neuve. Elle présentera toujours les essais généraux qui ont fait son succès, mais se déclinera désormais également par séries thématiques : droit, économie, politique, sociologie, etc.

Dernières parutions

Jean-Claude TCHEUWA (dir.), *Les organisations internationales africaines. Regards croisés et défis contemporains,* 2022.

Charlemagne SEGBEDJI, *Afro-brésiliens et processus de patrimonialisation dans le sud du Bénin. De la fin du XIX*[e] *siècle à nos jours,* 2022.

Guy Saturnin TSÉTSA, *Guide pratique de la saisie immobilière en droit Ohada*, 2022.

Ben Aymar BINASSOUA YEHOUESSI, *L'impôt en Afrique de l'Ouest francophone. L'exemple du Bénin,* 2022.

Fatoumata KABA, *Le droit minier et le droit au développement des communautés autochtones. L'exemple de la Guinée*, 2022.

Nico Shambouy MUAMBI, *L'impact de la décentralisation sur les municipalités en Afrique. Stratégies de développement local à Klouékanmè (Bénin)*, 2022.

Joseph ZIDI, *Histoire et usages du nom Kongo, Essai d'interprétation onomastique*, 2022.

Mohamed Ousmane KEITA, *Le Mali : l'État inachevé*, 2022.

Dominique OBA et Hilaire Kevin NZOUSSI, *Histoire de la République du Congo de 1958 à 2017*, 2022.

Saliou dit Baba DIALLO, *Vieillir en migration. Le cas des Soninké,* 2022.

Jean-Luc MOUTHOU, Hilarion Bagel MIZHAIRE, *Pointe-Noire, Dynamique spatiale et équipements urbains au Congo,* 2022.

Benjamin N. LAWRANCE, *Les Éwé sous le joug français. Le colonialisme périurbain au Togo (1900-1960)*, 2022.

Danouchka Assoumou

Justice militaire et violences sexuelles constitutives de crimes internationaux en RDC

Préface de Jean-François Akandji-Kombé

L'Harmattan

5-7, rue de l'École-Polytechnique, 75005 Paris

www.editions-harmattan.fr

ISBN : 978-2-14-029154-8
EAN : 9782140291548

REMERCIEMENTS

Je tiens à exprimer ma profonde gratitude à Monsieur Jean MATRINGE pour avoir accepté de diriger ce travail. Sa disponibilité et ses orientations m'ont été indispensables tout au long des recherches. Que ce travail soit aussi l'expression de ma reconnaissance à l'ensemble des membres du corps enseignant du Master de droit comparé, droits africains de l'université Panthéon Sorbonne.

Je remercie chaleureusement mes parents, Jeanine et Michel ASSOUMOU, mes frères et sœurs et mes ami·es pour leurs soutiens. Je me permets de faire une mention spéciale à Marel MAKELE et Reine TCHICAVA.

Je dédie ce mémoire à tous·tes les survivant·es de violences sexuelles de la République démocratique du Congo et d'ailleurs.

À mes grands-parents Abaga, Anda, Augé et Assoumou,

SIGLES ET ABRÉVIATIONS

ASF-Avocats sans frontières
BCNUDH-Le Bureau Conjoint des Nations Unies aux Droits de l'Homme
CEDAW-Convention sur l'élimination de toutes les formes de discrimination à l'égard des femmes
CM-Cour militaire
CP-Code pénal
CPP-Code de procédure pénale
CPM-Code pénal militaire
CJM-Code judiciaire militaire
CPI-Cour pénale internationale
CSJ-Cour suprême de justice
FIDH-Fédération internationale des Ligues des droits de l'Homme
FARDC-Force armée de la République démocratique du Congo
FDLR-Front de libération démocratique du Rwanda
HCM-Haute cour militaire
HCR-Haut-commissariat des Nations unies pour les réfugiés
HRW-Human Rights Watch
OPJ-Officier de Police Judiciaire
RDC-République démocratique du Congo
RPP-Règlement de procédure et de preuve
TPI-Tribunaux pénaux internationaux
TPIR-Tribunal pénal pour le Rwanda
TPIY-Tribunal pénal pour l'Ex-Yougoslavie
TMG-Tribunal militaire de garnison

PRÉFACE

Un drame humain absolu : transformer les corps en arme de destruction d'individus et de collectivités. Tel est le visage plus que hideux des guerres d'aujourd'hui qui ensanglantent l'Afrique, meurtrissent les êtres et disloquent les sociétés. Il a pour nom, « violences sexuelles », a pour penseurs – car elle est bel et bien pensée – les chefs de guerre, les visibles et les invisibles, pour exécutants systématiques et zélés les hommes de troupe, et pour victimes désignées et innocentes les femmes.

Force est de constater que, sur le continent africain, le Congo Démocratique (la RDC) est, malheureusement, la terre qui a connu et subi le déploiement de ces pratiques barbares et déshumanisantes sur la plus vaste échelle.

Si donc l'on veut pouvoir contrer ce phénomène et à terme, espère-t-on, l'éradiquer, il n'y a pas meilleur terrain d'observation, que ce soit du phénomène ou des stratégies de lutte contre celui-ci.

C'est tout le mérite de l'ouvrage de Danouchka ASSOUMOU. Mérite d'autant plus grand que cet ouvrage remarquable est le fruit d'un premier travail de recherche. Mérite d'autant plus appréciable que la démarche retenue par l'auteure est d'observer le réel pour le transformer positivement.

Cette transformation passe nécessairement par le droit, et par le dispositif de justice qui est l'instrument par excellence, bien qu'il ne soit pas le seul, d'une réponse collective aux violences sexuelles.

En RDC, cet instrument est la justice militaire ou plus exactement le tribunal militaire, chargé de la répression des violences sexuelles.

L'ouvrage de Danouchka ASSOUMOU est une autopsie, rigoureuse et vigoureuse, de la manière dont ce tribunal remplit sa mission.

Est ainsi passée d'abord au crible l'approche de ce juge quant à la notion de « violences sexuelles », point d'entrée capital, dont dépend toute l'œuvre de justice. L'auteure examine minutieusement et s'interroge, à travers la jurisprudence du tribunal militaire, sur la conception que se font ces juges de la notion, sur les éléments concrets qu'ils prennent ou ne prennent pas en compte et sur les justifications avancées à l'appui des choix judiciaires. Elle aborde aussi le pan de la qualification juridique internationale : autrement dit, elle cherche à savoir si, comment et dans quelle mesure le tribunal militaire voit ou non, dans les actes dont il est saisi, des crimes internationaux, susceptibles par conséquent de déclencher le jeu de la répression internationale.

Est ensuite examinée la démarche du tribunal militaire en ce qui concerne les personnes, physiques ou morales, qui peuvent être retenues dans les liens de la répression pour les faits de violences sexuelles. C'est la délicate question de la responsabilité. Sur ce point, l'ouvrage ne se contente pas d'interroger les responsabilités individuelles, mais éclaire également la question de la responsabilité collective, celle de l'État congolais en particulier, et tout ceci en mettant à jour les difficultés et les impasses autant que les réussites et les perspectives d'espérance pour les victimes.

La troisième partie de l'ouvrage s'intéresse à la question épineuse de la preuve des violences sexuelles ; question d'autant plus cruciale qu'elle détermine autant l'œuvre objective de justice que le sentiment de justice éprouvé par les victimes. Quels éléments de preuve sont retenus ? Quel est le poids accordé à la parole des victimes et de quelle protection bénéficient celles des victimes qui osent témoigner dans cet enfer de violences ? Quid des témoignages et de l'aveu des auteurs présumés ? Mais aussi, de quelles diligences fait preuve le tribunal lui-même en ce qui concerne les preuves matérielles ? Ce n'est là qu'une première facette de la question, ou du problème, c'est selon. L'autre facette, qu'aborde aussi l'ouvrage, est celle de l'appréciation de ces éléments de preuve par le juge. On est alors introduit dans les oscillations de la balance de justice : que retenir parmi les éléments de preuve, quels agencements entre ces différents éléments, et comment et à partir de quoi peut se former l'intime conviction du juge ?

La lectrice et le lecteur l'auront compris, ils ont avec l'ouvrage de Danouchka ASSOUMOU une aide précieuse pour la compréhension des violences sexuelles dans le cadre des conflits armés et, surtout, pour l'intelligibilité des réponses juridico-judiciaires que nos sociétés et nos États opposent à ces barbaries. En RDC comme au-delà.

Ils remarqueront aussi très vite que l'œuvre qu'ils ont entre les mains est de grande rigueur juridique, mais qu'elle est aussi, ce qui est tout à son honneur, le reflet d'un ferme engagement en faveur des victimes et pour la justice. Comme l'écrit l'auteure, il s'agit pour elle, par-delà la description et l'analyse de mécanismes juridico-judiciaires, de « *compléter les travaux relatifs à la lutte contre l'impunité des violences sexuelles en RDC* » et « *d'établir un plaidoyer en faveur de l'établissement d'un tribunal pénal mixte pour la RDC* ».

Belle ambition, parfaitement servie !

Jean-François AKANDJI-KOMBÉ
Professeur titulaire à l'École de Droit de la Sorbonne,
Université Paris 1 Panthéon-Sorbonne
Doyen honoraire de la Faculté de Droit de Caen
(Normandie-France)
Professeur associé à l'Université de Lomé (Togo)

INTRODUCTION

La République démocratique du Congo a été baptisée *« capitale mondiale du viol »*[1], car les violences sexuelles commises sur son territoire sont récursives et incessantes. En effet, le Haut-Commissariat des Nations Unies pour les réfugiés comptait 1244 femmes violées par jour en 2009[2]. En 2018, le chiffre est de 1152 femmes violées par jour[3]. La RDC a été et continue d'être le théâtre des crimes de masse[4]

---

[1] Jeune Afrique. *La RDC « capitale mondiale du viol »* [Ressource électronique]. 28 avril 2010. Non paginé. Disponible sur : https://www.jeuneafrique.com/155899/societe/la-rdc-capitale-mondiale-du-viol/ [consulté le 27 juillet 2020].

[2] *Ibidem.*

[3] Stony Brook Medicine. *New study shows rape in the Democratic Republic of Congo widespread.* [Ressource électronique].11 mai 2011. Non paginé.

[4] En 1994, la RDC connaît une crise politique et régionale. L'arrivée de 1,2 millions de réfugiés hutus rwandais au lendemain du génocide des tutsis déstabilise la région Kivu. De 1996 à 1998 a lieu la première guerre avec comme acteurs principaux l'Alliance des forces démocratiques pour la libération du Congo (AFDL), l'armée patriotique rwandaise (APR), l'Uganda People's Defence Force (UPDF), les Forces armées burundaises (FAB) contre les Forces armées zaïroises (FAZ). Durant cette guerre, il y a eu des attaques contre les civils et de manière plus spécifique contre des civils tutsis, banyamulenge et les réfugiés hutus. De 1998 à 2001 a eu lieu la deuxième guerre de la RDC. Elle oppose le parti du président Kabila soutenu par les forces armées du Zimbabwe, de l'Angola, de la Namibie, du Tchad et du Soudan, contre la branche armée du Rassemblement congolais pour la démocratie (RCD), soutenue par le Rwanda, l'Ouganda et le Burundi. De 2001 à 2003, c'est une période de transition marquée par des conflits ethniques, ainsi qu'un conflit entre les Forces armées congolaises (FAC) et les forces Maï-Maï dans la province du Katanga. De 2004 à 2013 a eu lieu la guerre du Kivu. Le conflit oppose l'armée gouvernementale congolaise contre le Congrès national pour la défense du peuple et le Mouvement 23. Depuis 2013 jusqu'à aujourd'hui, une multitude de factions opèrent dans les régions du Kivu et de l'Ituri. Aucun de ces groupes n'a la capacité de renverser le pouvoir central, mais la population en revanche est la première victime.

les plus violents où les violences sexuelles sont devenues des « armes de guerre »[5] avec un objectif précis et planifié[6]. Les violences sexuelles qui persistent sur le territoire congolais sont un fléau pour des milliers de victimes, car ces dernières subissent de nombreux préjudices au sein de la société congolaise et ont rarement accès à la justice étatique[7]. En effet, de nombreuses affaires de violences sexuelles sont traitées par la justice traditionnelle/coutumière. Dans cette situation, ce sont les règlements à l'amiable qui prédominent[8]. Dans l'autre cas, les affaires de violences sexuelles sont traitées en principe par les juridictions pénales de la RDC, à l'exception des plaintes pour violences sexuelles constitutives de crimes internationaux. En effet, les juridictions militaires disposent d'un monopole de fait quant au traitement des plaintes pour violences sexuelles constitutives de crimes internationaux. Cela s'illustre par le fait que les juridictions civiles n'ont eu à traiter qu'une seule affaire en matière de crimes internationaux[9]. Ce monopole de fait des juridictions

---

[5] BARDET Céline. *Je ne suis pas une arme de guerre. Et vous* ? [Ressource électronique]. Non paginé. Disponible sur : https://www.youtube.com/watch?v=N6d6yM-jt94 [consulté le 20/10/2019] ; MOUFFLET Véronique, « Le paradigme du viol comme arme de guerre à l'Est de la République démocratique du Congo », *Afrique contemporaine,* Volume 227, f2008, pp 119-133.

[6] *Ibid.*

[7] FIDH. *RDC - Les victimes de crimes sexuels obtiennent rarement justice et jamais réparation, changer la donne pour combattre l'impunité* [Ressource électronique]. Bruxelles, octobre 2013. Non paginé. Disponible sur : https://www.fidh.org/IMG/pdf/rapport_rdc.pdf [consulté le 15/08/2020]

[8] Ministère du Genre, de la Famille et de l'Enfant de la RDC, *Ampleur des violences sexuelles en RDC et actions de lutte contre le phénomène de 2011 à 2012*, Kinshasa, juin 2013.

[9] Dans la jurisprudence parcourue, une seule affaire relative à ce type de crime peut être relevée, voir TGI Kalamu, 17 décembre 2011, affaire *Mputu Muteba Israël et al.*, jugement.

militaires sur la répression de ces violences s'explique, d'une part, par le fait que ce sont les Forces armées de la RDC (FARDC) qui sont fréquemment poursuivies, ainsi que les groupes armés et les milices. Et d'autre part, par la proximité géographique des juridictions militaires avec les lieux où ces violences sont perpétrées facilitent leurs déploiements et la mise en place d'« audience foraine » dirigée par la justice militaire[10]. Il s'agit d'audiences « hors du commun », qui ne se déroulent pas dans le siège de la juridiction, mais dans les territoires concernés par ces crimes de masse, essentiellement dans les villages. Autrement dit, le corps entier de la Cour, avec ses procureurs, greffiers, avocats et prévenus, se déplace au plus près des victimes[11].

Depuis la ratification du *Statut de Rome* de la Cour pénale internationale (CPI) par la RDC, les juridictions militaires se posent donc en tant que premier acteur pour la répression de ces violences. Le juge militaire est censé participer ainsi à la lutte internationale contre les violences sexuelles en RDC.

Cet ouvrage a pour objectif de compléter les travaux relatifs à la lutte contre l'impunité des violences sexuelles en RDC ; d'analyser la pratique des cours et tribunaux militaires ; puis d'établir un plaidoyer en faveur de l'établissement d'un tribunal pénal mixte pour la RDC.

Définir les violences sexuelles est une entreprise bien délicate, car leur définition a considérablement évolué et est différente en fonction des législations. Dans la doctrine, la définition de l'Organisation mondiale de la santé (OMS) : *« tout acte sexuel, tentative pour obtenir un acte sexuel, commentaire ou avances de nature sexuelle, ou actes visant*

---

[10] ASF, *Rapport d'évaluation externe des projets « soutien aux audiences foraines et boutiques de droit dans les provinces de l'Équateur et du Maniema en RDC »*, Bruxelles, mai 2008.
[11] *Ibid.*

à un trafic ou autrement dirigés contre la sexualité d'une personne utilisant la coercition (...) »[12] ressort souvent. L'article premier de la *Déclaration sur l'élimination de la violence à l'égard des femmes* définit la violence contre les femmes comme « *tout acte de violence dirigé contre le sexe féminin, et causant ou pouvant causer aux femmes un préjudice ou des souffrances physiques, sexuelles ou psychologiques, y compris la menace de tels actes, la contrainte ou la privation arbitraire de liberté, que ce soit dans la vie publique ou dans la vie privée* »[13]. Les violences sexuelles peuvent avoir comme objectif l'humiliation culturelle et sociale d'un groupe pour le détruire, pour le déplacer ou comme un moyen de pression. L'Organisation non gouvernementale (ONG) Amnesty International affirme que : *« le viol peut être utilisé de manière systématique et délibérée pour chasser un groupe humain entier et vider un territoire de sa population »*[14]. Dans le même sens, des associations congolaises, telles que le « Club des amis du droit du Congo »[15] affirment que les violences sexuelles ont pour objectif de faire fuir la population des localités où l'extraction minière est possible. Les violences sexuelles envers les femmes et les filles appartenant à une communauté visent, en effet, non seulement, à atteindre la victime, mais également et

---

[12] OMS, *Prévenir la violence exercée par des partenaires intimes et la violence sexuelle contre les femmes, Intervenir et produire des données*, Genève, 2010, p.11.

[13] AGNU, *Déclaration sur l'élimination de la violence à l'égard des femmes*, Résolution A/48/629, Quarante huitième session, Doc. A/RES/48/104, 20 décembre 1993, article premier.

[14] Amnesty International, *Les crimes commis contre femmes lors des conflits armés*, Londres, 2004.

[15] Le Club des amis du droit du Congo, CAD en sigle, est une association congolaise des droits de l'homme. Cette association basée à Kinshasa (RDC) s'intéresse à toutes les questions relatives aux droits de l'homme et à l'administration de la justice.

particulièrement, à déstabiliser le groupe dont elles font partie[16]. En s'attaquant prioritairement aux femmes, c'est au cœur de la communauté locale, par exemple le village, le groupe ou l'ethnie que s'en prennent les prévenus. Les femmes sont présentées comme les éléments cardinaux de la communauté en raison de la fonction incontournable qu'elles jouent par la mise au monde, dans la prise en charge et l'éducation des enfants, ainsi que dans le maintien du foyer. Forcer à l'acte sexuel revient ainsi à briser l'interdit le plus sacré et fondateur de la communauté, en souillant son intimité la plus profonde. Yakin Ertürk affirme que *« les violences sexuelles dans les conflits armés en RDC se nourrissent de la discrimination fondée sur le sexe dans la société en général »*[17]. Les femmes et filles violées sont perçues comme irrémédiablement souillées[18]. Elles sont bannies et frappées d'ostracisme par l'ensemble de la communauté. Le recours au viol n'a d'autre effet que d'attaquer de l'intérieur l'ensemble de la communauté. Les violences sexuelles envers les hommes et garçons visent également à afficher la faiblesse du groupe, à en dominer les membres, mais aussi à détruire la « masculinité » de l'homme[19]. *« S'il n'est pas capable de se protéger lui — même, comment pourrait-il protéger sa communauté ? »*[20].

---

[16] Human Rights Watch, *Shattered lives: Sexual violence during the Rwandan genocide and its aftermath*, États-Unis, 1996, p.2.
[17] PNUD, *Rapport de la Rapporteuse spéciale sur la violence à l'égard des femmes*, New York, 2018, A/HRC/7/6/Add.4, para. 96 : *« Les femmes se heurtent à une discrimination et sont victimes d'oppression »*.
[18] *La Cité de la joie*, documentaire Allyson Luchak et Netflix diffusé en 2016, de Gavin Madeleine.
[19] LLANTA Dorine, *La prévention et répression des violences sexuelles en droit comparé et international*, Université de Perpignan, Droit international, 2019, p.11.
[20] *Ibid.*

Ce sentiment est particulièrement destructeur dans les communautés et familles patriarcales[21], comme en RDC[22].

Longtemps considérées comme des infractions de gravité mineure, les violences sexuelles, notamment celles commises pendant les conflits armés peuvent être constitutives de crimes internationaux, plus précisément de crime contre l'humanité, crime de guerre et génocide. La « banalisation »[23] de ces crimes a été appuyée au moins par deux « mythes »[24]. Le premier mythe expose les violences sexuelles en tant qu'« actes privés » résultants des comportements opportunistes de soldats[25], et le second mythe considère la commission des crimes sexuels comme étant inévitable en temps de conflit armé[26]. Il semblerait que ces mythes aient des répercussions sur le traitement des violences sexuelles par les juridictions pénales internationales et expliquent les obstacles qui déstabilisent leur répression. Les Tribunaux militaires internationaux (TMI) institués à Nuremberg et à Tokyo au lendemain de la Deuxième Guerre mondiale ont considérablement ignoré les nombreuses violences sexuelles commises durant le conflit, comme le révèle le célèbre journal intime « Une

---

[21] HCDH, *Rapport de la Rapporteuse spéciale sur la violence contre les femmes, ses causes et ses conséquences*, Genève, 2003, para.35.

[22] BAAZ Maria Eriksson, STERN, Maria, *Sexual violence as a weapon of war?: Perceptions, prescriptions, problems in the Congo and beyond (Africanow)*, Londres, Zed books, 2013, p.42.

[23] HABA MOUSSA Bienvenu, LAFONTAINE Fannie, « Juger les plus hauts responsables pour crimes sexuels à la Cour pénale internationale : l'utilité de la responsabilité par omission à la lumière de la décision de la chambre de première instance dans l'affaire *Bemba* », *Revue Québécoise de droit international*, volume 1-1, Hors-série, 2017, p.73-100.

[24] *Ibid. p.189.*

[25] VISIEUR SELLER Patricia, « Individual(s') Liability for Collective Sexual Violence », *Oxford University Press,* Gender and Human Rights, 2019, p.189-190.

[26] *Ibid.*, p.189.

femme à Berlin »[27] et les « femmes de réconforts » en Asie pacifique[28]. C'est par exemple le cas des tribunaux pénaux internationaux *ad hoc* pour l'ex-Yougoslavie (TPIY) et pour le Rwanda (TPIR), qui ont également eu, au début de leur activité, une tendance à focaliser leurs poursuites sur d'autres crimes jugés plus graves[29]. La CPI a aussi suivi cette tendance. Dans l'affaire *Lubanga*, la première affaire de la CPI, le bureau du procureur a choisi de se concentrer uniquement sur le crime d'enrôlement, de conscription et de participation active aux hostilités d'enfants de moins de quinze ans[30], au détriment des autres crimes, dont les violences sexuelles, alors que *« ces violences sexuelles étaient pourtant intrinsèquement liées au seul crime retenu contre le suspect »*[31].

---

[27] Les statuts des TMI ne prévoyaient pas le viol et les autres crimes sexuels. De ce fait, il n'y a pas eu de charges explicites relatives aux crimes sexuels contre les accusés. Toutefois, les preuves de violences sexuelles ont parfois servi à établir d'autres crimes tels que la torture, les traitements inhumains, les mauvais traitements et atteinte à l'honneur de la famille ; Voir, ASKIN Kelly, « Prosecuting Wartime Rape and Other Gender-Related Crimes under international Law: Extraordinary Advances, Enduring Obstacles », Berkeley, 2003, pp.301-302 ; HABA MOUSSA Bienvenu, LAFONTAINE Fannie, « Juger les plus hauts responsables pour crimes sexuels à la cour pénale internationale : l'utilité de la responsabilité par omission à la lumière de la décision de la chambre de première instance dans l'affaire Bemba », *op.cit* ; Anonyme, *Une femme*, Berlin, Paris, Gallimard, 2006.

[28] LÉVY Christine, « Le Tribunal international des femmes de Tokyo en 2000. Une réponse féministe au révisionnisme ? » *Clio. Femmes, Gendre, Histoire*, Volume 39, 2014, pp.129-150.

[29] PEGGY Kuo, « Prosecuting crimes of sexual Violence in an International Tribunal », *Case Western Reserve Journal of International Law*, Res. J. Int'l L, 2002, pp. 310-31.

[30] CPI, 14 mars 2012, *Le Procureur c Thomas Lubanga Dyilo*, N° : ICC-01/04-01/06, Jugement rendu en application de l'article 74 du Statut, para. 1.

[31] *Ibid.*, Les enfants soldats étaient victimes de violences sexuelles de la part des autres membres de leur groupe armé qui était présidé par Lubanga.

En vertu du principe de complémentarité de la CPI, c'est l'État congolais qui a la charge de poursuivre les violences sexuelles[32]. En RDC, c'est le juge militaire qui poursuit les violences sexuelles constitutives de crimes internationaux[33]. Pour ce faire, il s'appuie sur le corpus juridique de la CPI[34], c'est-à-dire le *Statut de Rome*, les *Éléments des crimes* et le *Règlement de procédure et de preuve*, la jurisprudence des chambres de la CPI et celle des Tribunaux Pénaux Internationaux (TPI) qui ont progressivement produit des jugements pertinents en la matière (par exemple dans les affaires *Tadic*, *Furundžija*, *Akayesu* ou encore *Kunarac)*. Cette jurisprudence constitue indéniablement une avancée historique en droit international pénal, car les violences sexuelles sont désormais définies et leurs éléments constitutifs connus[35].

Tout comme on s'est attardé sur la définition des violences sexuelles, il est important de définir qui est le juge militaire de la RDC. La justice militaire congolaise est une institution à la fois vieille et complexe. La création des juridictions militaire remonte à l'État colonial congolais. C'est donc une justice aussi vieille que la justice civile. La justice militaire en RDC est divisée en quatre institutions : les tribunaux militaires de police ; les tribunaux militaires de garnison ; les cours militaires et la haute cour militaire.

---

[32] CPI, *Statut de Rome de la Cour pénale internationale*, Rome, A/CONF.183/9, 17 juillet 1998, entré en vigueur le 1er juillet 2002. Le *Statut de Rome* reconnaît que les États ont la possibilité première de poursuivre les crimes internationaux. La CPI ne peut exercer sa compétence que si les systèmes nationaux font défaut.

[33] Le juge militaire n'a pas encore eu l'occasion de traiter des violences sexuelles constitutives de génocide.

[34] La Cour pénale internationale est la première juridiction internationale pénale permanente et à vocation universelle.

[35] BIDERI Diogène, *Les crimes sexuels face au droit international pénal : recherche sur l'établissement d'une infraction autonome en droit international pénal*, Université de Strasbourg, Droit, 2017, n° 2017STRAA023, p.12.

Le système de justice militaire est régi par le Code judiciaire militaire (CJM) et le Code pénal militaire (CPM). Le juge militaire exerce une compétence exclusive sur les membres de l'armée et de la police ainsi que sur les combattants de groupes armés et les civils qui commettent des crimes qui relèvent de leur compétence. Le tribunal militaire de Garnison (TMG) du Haut Katanga rappelait qu'en vertu de l'article 111 alinéa 2 du CJM *« elles [juridictions militaires] sont en outre compétentes à l'endroit de ceux qui sans être militaires, commettent des infractions au moyen d'armes de guerre (...).* Le Tribunal rappelle également que l'article 79 du CJM dispose que : *« lorsque le Code pénal militaire définit ou réprime des infractions imputables à des justiciables étrangers à l'armée, les juridictions militaires sont compétentes à l'égard de l'auteur, du coauteur ou du complice, sauf dérogation particulière »*[36] et retenait donc sa compétence pour juger tous les prévenus poursuivis devant lui. Dans *l'affaire Maniraguha*[37], le TMG est allé plus loin encore et reconnait sa compétence sur des personnes de nationalité étrangère. En principe, il est de coutume que la justice militaire soit en vase clos, ce n'est pas le cas en RDC. Le juge militaire congolais occupe une place bien plus importante que les juges militaires des pays voisins ou de la France, en ce sens qu'il est détenteur de larges prérogatives, faisant de lui un juge à la fois au pénal et au civil. En effet, les juridictions miliaires sont compétentes pour traiter les actions civiles des victimes.

En RDC, les plaintes pour violences sexuelles sont traitées différemment par rapport aux autres crimes, en raison du contexte international général favorable à la

---

[36] CM Katanga, 16 décembre 2010, Affaire *Gédéon*, RP N° 0134/07 et N°0182/09.

[37] TMG Bukavu, 16 août 2011, Affaire *Maniraguha*, RP 275/09 et 521/10/ RMP 581 /07 et 1573/KMC/10.

poursuite des violences sexuelles avec la mise en place d'institutions et normes internationales pour les réprimander. Cette spécificité figure dans la Constitution de la RDC. L'article 15 de la Constitution dispose en effet que : *« Les pouvoirs publics veillent à l'élimination des violences sexuelles. Sans préjudice des traités et accords internationaux, toute violence sexuelle faite sur toute personne, dans l'intention de déstabiliser, de disloquer une famille et de faire disparaître tout un peuple, est érigée en crime contre l'humanité puni par la loi »*[38]. Cette volonté de la RDC de combattre l'impunité face aux violences sexuelles est concrétisée avec la *Loi n° 06/18 du 20 juillet 2006,* modifiant et complétant le Décret du 30 janvier 1940 portant Code pénal (CP) congolais. Les crimes internationaux sont intégrés au sein du CPM modifié en 2002.

Sur le plan des poursuites, le mandat d'action des juridictions militaires contre ces crimes semble être mis en œuvre avec l'augmentation du nombre de traitements des plaintes. En effet, il y a de plus en plus de plaintes pour violences sexuelles traitées par le juge militaire. L'analyse de la pratique militaire congolaise se divise en trois points : la qualification des faits, les responsabilités établies et l'étude des preuves présentées.

La qualification des violences sexuelles constitutives de crimes internationaux met en évidence les difficultés des juridictions militaires à appréhender cette nouvelle infraction par rapport aux catégories juridiques existantes.

Concernant l'établissement des responsabilités, le juge militaire semble parfois exiger un niveau de preuve plus élevé que celui requis pour les autres crimes aux fins

---

[38] Loi n° 11/002 du 20 janvier 2011 portant révision de certains articles de la Constitution de la République démocratique du Congo du 18 février 2006, *JO* 5 février 2011, art.15.

d'imputation de ces crimes à de hauts responsables[39]. S'agissant de l'ordre du supérieur hiérarchique, la jurisprudence des TPI admet de façon générale que l'ordre de commettre des crimes peut être déduit des circonstances, y compris des actes et omissions de l'accusé. Le juge militaire congolais exige parfois pour les violences sexuelles la preuve d'un ordre explicite ou la présence de l'accusé pendant la commission desdits crimes. La tendance du juge militaire à exiger un niveau de preuve plus élevé pour imputer les violences sexuelles à des auteurs indirects émerge également à travers l'application de la responsabilité du supérieur hiérarchique et chef militaire.

Enfin sur la preuve, le juge militaire est confronté à un nombre et à un type de preuve précaire, faisant du témoignage de la victime un élément indispensable au cours des procès. Or, le traumatisme vécu par les victimes empêche leurs témoignages devant les juridictions. De plus, le juge militaire a parfois échoué dans l'application des normes de protection des victimes, mettant en danger leurs vies et les exposant à des stigmatisations.

En outre, la présente recherche s'interroge sur le constat juridique global qui peut être établi sur l'approche du juge militaire congolais envers les violences sexuelles. Et plus précisément sur la jurisprudence relative aux violences sexuelles constitutives de crimes internationaux, au regard de la continuité jurisprudentielle des tribunaux pénaux internationaux et de la Cour pénale internationale.

La réponse à cette interrogation renvoie à une réalité nuancée. Le juge militaire face aux plaintes pour violences sexuelles constitutives de crimes internationaux adopte un comportement répressif contre ces violences, établissant des efforts institutionnels et juridiques. Le juge militaire

[39] MACKINNON Catharine, « The ICTR's Legacy on Sexual Violence », *New England Journal of International and Comparative Law*, 2008, p.215.

entreprend par exemple une démarche sexospécifique (sensible aux spécificités liées aux genres) dans son traitement des plaintes pour violences sexuelles. À cet effet, au niveau institutionnel, le juge militaire a engagé des OPJ de sexe féminin pour les victimes féminines[40]. Puis, des aménagements législatifs et procéduraux sont établis, par le juge militaire, pour faciliter l'accès à la justice aux victimes de violences sexuelles, conformément aux directives de la CPI. Cependant dans les faits, la poursuite du juge militaire s'est révélée inadaptée, d'où la nécessaire refonte du traitement de ces plaintes devant les juridictions militaires congolaises. En effet, les FARDC ou les agents de police échappent constamment à la justice militaire. Ainsi, l'indépendance du juge militaire est très vite remise en cause. La justice rendue pour les victimes peut être remise en cause. Conséquemment, la poursuite des violences sexuelles par les juridictions militaires congolaises démontre les limites de la mise en œuvre de la justice pénale congolaise.

Nous nous appuierons essentiellement sur l'analyse des textes législatifs congolais, des décisions des cours et tribunaux militaires congolais, mais également sur l'analyse d'instruments juridiques internationaux tels que les décisions des tribunaux pénaux et les rapports des Nations Unies. Nous nous appuierons également sur une recherche documentaire, puis des entretiens avec des acteurs sur le terrain, dont des avocats au barreau de

---

[40] ASKIN Kelly, « Prosecuting wartime rape and other gender related crimes under international law: extraordinary advances, enduring obstacles », *op.cit.,* « la présence de femmes au sein du processus judiciaire semble mener à une meilleure compréhension de la violence sexuelle à caractère « sexiste » ou « genré » (there is a heightened gender-specific perspective that women share, regardless of ethnicity or nationality. Because women are more often the victims of sexual assaults, they easily accept themselves as potential victims).

Kinshasa et Bukavu, ainsi que des membres des ONG locales, notamment la directrice du centre d'accueil *Matumani* (Centre d'accueil des filles et femmes victimes de violences sexuelles) et des avocats de l'ONG Avocats Sans Frontière (ASF).

C'est fort de toutes ces considérations que nous proposions d'étudier la qualification des violences sexuelles par les juridictions militaires (Partie I), l'établissement par celles-ci de la responsabilité en matière de violence sexuelle (Partie II) et enfin, l'étude de la preuve en matière de violences sexuelles par ces mêmes juridictions (Partie III).

PARTIE I. LA QUALIFICATION DES VIOLENCES SEXUELLES PAR LE JUGE MILITAIRE CONGOLAIS

La première partie de cette recherche est consacrée aux mesures de politiques criminelles consistant, pour les juridictions militaires congolaises, à qualifier des faits pour apprécier s'ils relèvent ou non de l'incrimination, en l'occurrence des violences sexuelles. À cette fin, le juge militaire applique directement dans ces affaires *le Statut de Rome* et prend en considération les *Éléments des crimes*, le *Règlement de preuve et procédure*, de la CPI, en plus de sa jurisprudence et celles des TPI, dans le traitement des plaintes pour violences sexuelles constitutives de crimes internationaux[41]. Il applique aussi le droit national congolais qui a modernisé la définition et l'encadrement juridique des violences sexuelles. La nouvelle Loi de 2006 contribue, en effet, au renforcement de la lutte contre l'impunité des violences sexuelles[42]. Cette loi a pour objectif d'assurer la répression de toutes les formes de violences sexuelles, de protéger la dignité des victimes et de protéger les personnes les plus vulnérables.

Le juge militaire a eu dans l'exercice de son office un rôle fondamental dans la modernisation du corpus législatif en matière de violences sexuelles. Il a fait évoluer la définition congolaise des violences sexuelles pour la rapprocher des standards internationaux, en vertu desquels il s'agit d'actes de nature sexuelle commis avec l'usage d'un élément

---

[41] KAZADI MPIANA Joseph, « La Cour pénale internationale et la République démocratique du Congo : 10 ans après », Étude de l'impact du statut de la CPI en droit interne congolais, *Revue internationale de droit comparé*, Volume 65-2, 2013, p.440.

[42] Loi n° 06/018 modifiant et complétant le Décret du 30 janvier 1940 portant Code pénal congolais, 2006, *JO* 30 novembre 2004.

coercitif. Ces deux éléments permettent, selon lui, de déterminer l'absence de consentement de la victime.
Cela dit, les violences sexuelles constitutives de crimes internationaux font l'objet d'une appréciation particulière par le juge militaire. Dans son appréciation des *Éléments des crimes*, il s'écarte de celle de la CPI. Le juge militaire adopte, en effet, une interprétation large des éléments contextuels du crime contre l'humanité et crime de guerre. Car il omet certains critères consacrés par la CPI. Cela ressort de son interprétation de la notion de violences sexuelles (Chapitre I.) et de la manière dont il les qualifie en tant que crimes internationaux (Chapitre II.).

CHAPITRE I. L'INTERPRÉTATION DE LA NOTION DE VIOLENCE SEXUELLE

Le juge militaire congolais distingue la définition des violences sexuelles en droit national congolais de celle du *Statut de Rome.* La première est une définition spécifiée dans le sens où elle mentionne le sexe de la victime et de l'auteur ; la seconde est neutre, car le sexe de la victime et du responsable n'est pas mentionné[43]. Le juge militaire applique la définition de la CPI, pour interpréter le sens de l'expression « violences sexuelles ». Celles-ci sont considérées par lui comme tous actes inhumains à connotation sexuelle. Plus précisément, les violences sexuelles sont une violation de l'intégrité physique et de l'autonomie sexuelle des victimes.

La jurisprudence en matière de violences sexuelles dégage donc une « pratique » conforme aux *Éléments des crimes* de la CPI. Ces derniers sont un document officiel de la CPI constituant une source complémentaire au *Statut de Rome*.

Toutefois, cette appréciation est à nuancer du fait de certains choix critiquables opérés par le juge militaire congolais dans le traitement des plaintes pour violences sexuelles. En effet, malgré l'incrimination d'une diversité de violences sexuelles, il retient uniquement dans ces affaires le viol et l'esclavage sexuel. Enfin, si la Loi de 2006 établit plusieurs circonstances aggravantes, par exemple le

---

[43] CHINKIN Christine, « Les femmes, la paix et la sécurité : des paroles aux actes », *Revue de l'OTAN magazine*, 2017. L'approche neutre est saluée par Christine Chinkin : *« l'initiative de prévention des violences sexuelles se veut expressément neutre sur le plan du genre ».* Elle note que la Résolution 1325 est *« destinée à prévenir les violences sexuelles dans les conflits et à lutter contre l'impunité de ces actes, (...) s'adresse à toutes les victimes, qu'il s'agisse de femmes, de filles, d'hommes, de garçons ou de personnes visées en raison de leur orientation sexuelle ou de leur identité de genre, réelle ou perçue ».*

viol de personnes en captivité par leur gardien, le viol en public, le viol sur une personne handicapée et le viol avec l'usage ou menace d'une arme, dans sa pratique le juge démontre une absence répétée de prise en compte des circonstances aggravantes dans ces jugements[44].

Ce premier chapitre s'intéresse à l'interprétation faite des éléments constitutifs des violences sexuelles par le juge militaire congolais. La définition des violences sexuelles comprend deux éléments principaux : l'acte de nature sexuelle (Section I.) et les circonstances de sa commission (Section II).

Section I. L'acte de nature sexuelle

Le premier élément établissant les violences sexuelles est l'acte de nature sexuelle. Cet acte a connu une évolution de ses composantes en RDC. Le juge militaire entreprend une redéfinition nécessaire du viol (Paragraphe I.), mais poursuit et interprète rarement les autres violences sexuelles (Paragraphe II).

Paragraphe I. La redéfinition nécessaire du viol entreprise par le juge militaire

Dans sa première affaire de violences sexuelles constitutives de crimes internationaux, le juge militaire qualifie la définition congolaise de « désuète » et « limitée ». Il procède ainsi à une autre interprétation du viol conforme à celle établie par les *Éléments des crimes* de la CPI. Il permet ainsi de faire évoluer la définition du viol en RDC (I.), en interprétant l'acte de nature sexuelle du viol

---

[44] Loi n° 06/18 modifiant et complétant le Code pénal congolais, *op.cit.*, art.171-6-7-9-10.

comme « la prise de possession du corps d'une personne et son intention » (II.).

I. L'Évolution de la notion du viol

Sous l'ancienne loi congolaise, les infractions à caractère sexuel étaient limitées à quelques infractions, dont le viol, l'attentat à la pudeur, les atteintes aux bonnes mœurs et le proxénétisme[45]. Selon le Décret du 30 juin 1940 portant le Code pénal (CP) congolais, le viol est une infraction contre les mœurs qu'il ne définit pas. L'ensemble de ces infractions était, et est toujours, classé sous le chapitre des *« infractions contre l'ordre des familles »* et non sous celui des infractions à l'égard des personnes. Non défini dans le texte, le viol a fait l'objet d'une définition doctrinale qui le concevait comme : *« la conjonction sexuelle que l'homme peut imposer à la femme par la violence. Autrement dit, l'acte par lequel une personne du sexe masculin a des relations sexuelles avec une personne de sexe féminin contre le gré de celle-ci, soit que le défaut de consentement résulte de la violence physique ou morale, soit qu'il résulte de tout autre moyen de contrainte ou de surprise »*[46]. L'analyse de cette définition montre que seules les femmes pouvaient être victimes de violences sexuelles. Tout autre acte sexuel qui n'aboutissait pas à la conjonction sexuelle des deux sexes ne pouvait être qualifié de viol[47]. Ainsi, tout autre acte de pénétration sexuelle, comme l'introduction d'un objet quelconque, était poursuivi pour attentat à la pudeur. C'est aussi le cas des actes

---

[45] Décret du 30 janvier 1940 portant Code pénal, COD-1940-R-69343, 30 janvier 1940.

[46] LIKULIA Bolongo, *Droit pénal spécial zaïrois,* Paris, Librairie générale de droit et de jurisprudence, Tome 1, 2ème édition, Paris, 1985, p.328.

[47] BALUME Désiré, « État des lieux de la situation sociojuridique des viols et violences sexuelles faites aux femmes et aux filles mineures du Nord-Kivu : cas de Goma et ses environs », *Actes de la Journée de*

d'introduction, sans le consentement, par l'homme du pénis dans l'anus ou dans la bouche de la femme.

Cependant, le juge militaire considéra *« le viol comme [un] acte inhumain [qui] se définit différemment selon que l'on se trouve en droit interne qu'en droit international »*[48]. L'affaire *Songo Mboyo*[49] a permis au juge militaire de faire évoluer la définition du viol en tant que crime contre l'humanité, par rapport aux engagements internationaux de la RDC. Il adopte une interprétation plus large que celle prévue par le droit congolais, car étendue aux victimes de sexe féminin comme masculin. Dans cette affaire, la défense affirmait que : *« le viol ne peut se commettre sur une personne de sexe masculin »*[50]. Le viol impliquerait une pénétration vaginale par l'organe génital de l'homme imposé par un élément coercitif[51]. Le juge militaire répondit que : *« l'infraction est consommée, peu importe le sexe de la victime, de l'intromission ou non du membre viril »*[52]. Par conséquent, le juge militaire a devancé les évolutions législatives congolaises pour se conformer au droit international pénal.

C'est en 2006 que le législateur congolais se dote d'une nouvelle loi en matière de violences sexuelles, plus conforme au droit international pénal. En effet, la Loi de 2006 définit le viol comme tout type de pénétration par et envers les hommes et les femmes[53]. La RDC opte donc pour

---

48 TMG Équateur, 7 juin 2006, Affaire *Songo Mboyo*, RMP 154/PEN/SHOEF/05 RP 084/ 2005.

49 *Ibid.*

50 *Ibid.*

51 *Ibid.*

52 *Ibid.*

53 Loi n° 06/018 modifiant et complétant le Décret du 30 janvier 1940 portant Code pénal congolais, *op.cit.*, art.170 (d) : *« Aura commis un viol, soit à l'aide de violences ou menaces « graves ou par contrainte à l'encontre d'une personne, directement « ou par l'intermédiaire d'un tiers, soit par surprise, par pression « psychologique, soit à l'occasion*

une définition précise et « mécanique » presque semblable aux avancées du droit international pénal. La différence tient dans le fait que la RDC a choisi de mentionner à chaque fois le sexe de la victime ou de l'agresseur dans ses définitions, alors qu'à la CPI, il est essentiel d'adopter une approche des violences sexuelles neutre, c'est-à-dire sans mention du sexe.

II. La prise de possession du corps d'une personne et son intention

Selon le juge militaire, le viol est le fait *« de prendre possession du corps d'une personne de telle manière qu'il y a eu pénétration, même superficielle d'une partie du corps de la victime ou de l'auteur par un organe sexuel, de l'anus ou du vagin de la victime par un objet ou toute partie du corps »*[54]. Il s'appuie ainsi sur la définition du viol issue des affaires *Akayesu* et *Furundžija* des TPI[55], consacrée ensuite

---

d'un environnement coercitif, soit en abusant d'une personne qui, par le fait d'une maladie, par « l'altération de ses facultés ou par toute autre cause accidentelle « aurait perdu l'usage de ses sens ou en aurait été privé par quelques « artifices : a) tout homme, quel que soit son âge, qui aura introduit son « organe sexuel, même superficiellement dans celui d'une femme ou « toute femme, quel que soit son âge, qui aura obligé un homme à « introduire même superficiellement son organe sexuel dans le sien ; b) tout homme qui aura pénétré, même superficiellement « l'anus, la bouche ou tout autre orifice du corps d'une femme ou d'un homme par un organe sexuel, par toute autre partie du corps « ou par un objet quelconque ; c) toute personne qui aura introduit, même superficiellement, « toute autre partie du corps ou un objet quelconque dans le vagin ; d) toute personne qui aura obligé un homme ou une femme à «pénétrer, même superficiellement son anus, sa bouche ou tout « orifice de son corps par un organe sexuel, pour toute autre partie du « corps ou par un objet quelconque ».

[54] *Ibid.*, p.18.

[55] TPIR, 2 septembre 1998, Le Procureur c. Jean-Paul Akayesu, N° ICTR-96-4-T, Chambre de première instance I, Jugement, para.452 : *[le viol est une] « invasion physique de nature sexuelle commise sur la personne d'autrui sous l'empire de la contrainte »* ; Tribunal pénal

par les *Éléments des crimes* de la CPI[56]. Le juge militaire souligne que l'expression « prise de possession » est large, inclut la pénétration par une personne du même sexe et englobe les auteurs et les victimes des deux sexes, comme établi dans les *Éléments des crimes* de la CPI. Le juge militaire se réfère expressément à la jurisprudence du TPIY[57] la pénétration orale par un organe sexuel peut être

---

international pour l'ex-Yougoslavie (TPIY), 10 décembre 1998, Le Procureur c/ Anto Furundžija, N° IT-95-17/1-T, Jugement, Chambre de première instance, para.185 : *« le viol est constitué des éléments objectifs suivants : (i) la pénétration sexuelle, même la plus infime:(a) du vagin ou de l'anus de la victime par le pénis de l'auteur ou par tout autre objet utilisé par lui, ou (b) de la bouche de la victime par le pénis de l'auteur ; (ii) en ayant recours à la contrainte, la force ou à la menace d'utiliser la force contre la victime ou une tierce personne »* ; AYAT Mohamed, « Quelques apports des Tribunaux pénaux internationaux, ad hoc, et notamment le TPIR, à la lutte contre les violences sexuelles subies par les femmes durant les génocides et les conflits armés », International Criminal Law Review, volume 10, 2010, pp.787–827.

[56] CPI, *Éléments des crimes*, Documents officiels de l'Assemblée des États Parties au *Statut de Rome* de la Cour pénale internationale, première session, New York, 3-10 septembre 2002, art.7-1) g)-1 : *« L'auteur a pris possession du corps d'une personne de telle manière qu'il y a eu pénétration, même superficielle, d'une partie du corps de la victime ou de l'auteur par un organe sexuel, ou de l'anus ou du vagin de la victime par un objet ou toute partie du corps. L'acte a été commis par la force ou en usant à l'encontre de ladite ou desdites ou de tierces personnes de la menace de la force ou de la coercition, telle que celle causée par la menace de violences, contrainte, détention, pressions psychologiques, abus de pouvoir, ou bien à la faveur d'un environnement coercitif, ou encore en profitant de l'incapacité de ladite personne de donner son libre consentement. Le comportement faisait partie d'une attaque généralisée ou systématique dirigée contre une population civile. L'auteur savait que ce comportement faisait partie d'une attaque généralisée ou systématique dirigée contre une population civile ou entendait qu'il en fasse partie ».*

[57] TPIY, 10 décembre 1998, *Jugement Furundžija*, N° IT-95-17/1-T La chambre de première instance, para.183 : *« La Chambre de première instance estime que la pénétration buccale forcée par l'organe sexuel*

assimilée à un viol et constitue une atteinte fondamentale et dégradante à la dignité humaine qui peut être tout aussi humiliante et traumatisante pour une victime que la pénétration vaginale ou anale.

Le deuxième élément matériel du viol précise les circonstances et conditions qui confèrent un caractère criminel à la prise de possession du corps de la victime ou de l'auteur. En droit congolais, le consentement ne peut en aucun cas être inféré des paroles ou de la conduite d'une victime lorsque la faculté de celle-ci de donner librement son consentement véritable a été altérée par l'emploi de la force, de la ruse, de la menace, de la contrainte ou à la faveur d'un environnement coercitif[58]. Ces éléments feront l'objet d'une analyse poussée dans la deuxième section. Ce

---

masculin constitue une atteinte à la dignité humaine particulièrement humiliante et dégradante. L'aspect essentiel des règles du droit international humanitaire ainsi que du droit relatif aux droits humains réside dans la protection de la dignité de la personne, qu'elle soit de sexe masculin ou féminin. Le principe général du respect de la dignité humaine est à la base du droit international humanitaire et des droits de l'homme et en est, en fait, la raison d'être ; il est désormais si important qu'il imprègne le droit international dans son ensemble. Ce principe a pour but de protéger l'être humain de toute atteinte à sa dignité personnelle, que celle-ci découle de violences corporelles, d'humiliations ou de coups portés à l'honneur, au respect de soi ou au bien-être mental d'une personne. Qu'une violence sexuelle aussi grave que la pénétration orale forcée soit qualifiée de viol est dans le droit fil de ce principe » ; TPIY, 16 novembre 1998, *Jugement Delalić*, IT-96-21-T, la chambre de première instance, para. 1066 : *« La Chambre de première instance juge que le fait de contraindre Vaso et Veseljko Dordié à procéder réciproquement à une fellation constitue une atteinte fondamentale à leur dignité. Elle conclut donc que cet acte est un crime sanctionné à la fois par l'article 2 du Statut en tant que traitement inhumain, et par l'article 3 du Statut, en tant que traitement cruel. Elle fait observer qu'il pourrait recevoir la qualification de viol dont la responsabilité pourrait être imputée si ce chef était plaidé comme il convient ».*

[58] Loi n° 06/018 modifiant et complétant le Décret du 30 janvier 1940 portant Code pénal congolais, *op.cit.*, art.170.

qui nous intéresse ici est que l'existence de circonstances coercitives sert à prouver l'absence de consentement. Dans l'*affaire Mupoke*[59], le juge militaire suit cette logique. En l'espèce deux bataillons FARDC lancèrent une offensive contre le FDLR (Front de libération démocratique du Rwanda), dans la localité de Mupoke. Au cours de cette attaque, plusieurs viols ont été commis envers la population civile. Le juge militaire affirma qu'*« aucune victime de viol qui est passée devant le juge n'a témoigné avoir donné son consentement dans l'acte qu'elle avait accompli avec son bourreau et que se trouvant devant les hommes armés qui tiraient à toutes les directions, le Tribunal dénote que leur consentement a été arraché par violence, contrainte, pression psychologique, et en faveur d'un environnement coercitif de peur qu'elles ne trouvent la mort »*[60]. Dans les affaires militaires, la démonstration du défaut de consentement n'est donc plus exigée en présence d'éléments coercitifs.

Le défaut de consentement est également absent pour les victimes mineures. En RDC, 80 à 90 % des cas de violences sexuelles dénoncées et portées en justice sont des cas où les mineurs sont victimes[61]. Ainsi, le pays s'est doté d'une loi spécifique sur la protection de l'enfant contenant également des dispositions en rapport avec l'interdiction des violences sexuelles sur les enfants[62]. Dans cette loi, « *les actes de pédophilie s'entendent de toute attirance sexuelle d'un adulte ou d'un adolescent envers un enfant, notamment l'atteinte à la pudeur, la relation sexuelle, l'érotisme, la*

---

[59] CM Bukavu, 20 mai 2013, Affaire *Mupoke*, RP 708/12/ RMP1868/TBK/KMC1012.

[60] *Ibid.*

[61] ASF, *La justice face à la banalisation du viol en RDC - Étude de jurisprudence en matière des violences sexuelles en droit commun*, Bruxelles, mai 2012.

[62] Loi n°09/001 du 10 janvier 2009 portant protection de l'enfant, *JO* 2009.

pornographie, l'abus sexuel et le viol »[63]. En RDC, le viol des mineurs est aussi caractérisé par simple *« rapprochement charnel de sexes »*[64]. Pour ces infractions, il y a une présomption d'absence de consentement de la victime et la consécration de l'incapacité pour le mineur à donner un consentement libre et volontaire. Lorsque la victime du viol est un enfant de moins de 12 ans, le défaut de consentement est absolu[65].

En somme, le viol suppose le défaut de consentement des victimes, soit en raison d'élément coercitif, soit au regard de la minorité et du seuil d'âge. Cette position du juge militaire est conforme à celle de la CPI où *« si l'usage de la force, de la menace, de la coercition ou encore si la commission à la faveur d'un environnement coercitif est prouvé, la Chambre considère que l'Accusation n'a pas besoin de prouver l'absence de consentement de la victime »*[66].

Le dernier élément constitutif du viol est l'élément psychologique. Cet élément repose sur l'intention et la connaissance de l'infraction. Dans l'affaire *Songo Mboyo*, les juges ont rappelé : « *Il y a intention au sens du présent statut lorsque relativement à un comportement, une personne entend adopter ce comportement et relativement à une conséquence, une personne entend causer cette conséquence ou est consciente que celle-ci adviendrait dans le cours normal des événements »*[67]. Pour établir

---

[63] *Ibid.*, art.169.

[64]*Ibid., « Est réputé viol à l'aide de violences, le seul fait du rapprochement charnel de sexes commis sur les personnes désignées à l'article 167, alinéa 2 ».*

[65] Tribunal de Grande Instance de Kinshasa-Kalamu, 16 juin 1999, jugement R.P. 7627.

[66] CPI, 21 mars 2016, *Le Procureur c. Jean-Pierre Bemba Gombo*, N°ICC-01/05-01/08, La Chambre de première instance III, para. 105 et 106.

[67] TMG Équateur, 7 juin 2006, Affaire *Songo Mboyo*, *op.cit.*

l'élément intentionnel, le prévenu doit avoir eu l'intention de prendre possession du corps d'une autre personne, en connaissance de la loi congolaise : *« sachant bien que la loi réprimait toutes violences sexuelles, surtout quand elles sont faites massivement contre une catégorie de la population civile, ils en ont toutefois commises au préjudice des dames (...) qui sont toutes des femmes, en les abusant sexuellement sans le consentement de chacune soit à l'école de KISHAGALA dans les salles de classe, soit dans les champs. Il y a ainsi lieu que chacun assume la conséquence de son acte »*[68].

Paragraphe II. La poursuite limitée des autres violences sexuelles

Concernant les autres violences sexuelles, on note l'absence de leurs poursuites par le juge militaire (I.) à l'exception de l'esclavage sexuel (II.).

I. L'absence de poursuite des autres violences sexuelles

Dans le traitement des plaintes pour violences sexuelles devant les juridictions militaires, les autres violences sexuelles, à la différence du viol et de l'esclavage sexuel, ne font pas l'objet de poursuites du juge militaire, bien que les faits semblent démontrer des cas impliquant ces autres violences sexuelles.

C'est par exemple le cas de l'affaire *Gédéon* et *Maniraguha*. Dans l'affaire *Gédéon*[69], entre octobre 2003 et le 12 mai 2006, jour de la reddition du prévenu Gédéon, celui-ci contrôlait une partie du Katanga. Pendant ces années, il commandait un groupe armé important dénommé

---

[68] *Ibid.*

[69] CM Katanga, 16 décembre 2010, Affaire *Gédéon*, RP N° 0134/07 et N°0182/09.

Maï-Maï[70] (environ deux mille combattants). Les enquêtes menées par les ONG accusent Gédéon d'assassinats, d'avoir enrôlé et utilisé des enfants dans ses troupes combattantes, de cannibalisme, d'utilisation d'armes à feu, de création de mouvements insurrectionnels, de pillages, de viols en masse et de mutilations sexuelles[71]. Le juge militaire mentionne dans les faits que *« les parties génitales des femmes sont mutilées et utilisées comme bracelets, leurs seins furent utilisés comme colliers »*[72]. Bien que les faits présentent explicitement des cas de mutilations sexuelles, le juge militaire ne cherche pas à savoir si les éléments constitutifs de cette infraction sont établis ou absents. Il retient comme violence sexuelle seulement le viol et l'esclavage sexuel en tant que crime contre l'humanité dans cette affaire.

Dans l'affaire *Maniraguha*[73], le prévenu dénommé Jean Bosco est un Hutu rwandais qui dirigeait la milice FDLR-RASTA[75]. En juillet 2006, la milice attaque plusieurs villages. Lors de cette attaque, plusieurs femmes sont

---

[70] HCDH, *Rapport du Projet Mapping* concernant les violations les plus graves des droits de l'homme et du droit international humanitaire commises entre mars 1993 et juin 2003 sur le territoire de la République démocratique du Congo par les groupes de combattants armés ayant recours à des rituels magiques spécifiques comme les ablutions d'eau (« Mayi » en swahili) et le port d'amulettes préparées par des sorciers censés les rendre invulnérables et les protéger des mauvais sorts. Présents essentiellement au Sud-Kivu et au Nord-Kivu, mais aussi dans d'autres provinces, les différents groupes Mayi-Mayi ou Maï-Maï comprenaient des forces armées dirigées par des seigneurs de guerre, des chefs tribaux traditionnels, des chefs de village et des dirigeants politiques locaux. Les Maï-Maï manquaient de cohésion et les différents groupes ont été alliés à divers gouvernements réguliers ou forces armées à différents moments.

[71] *Ibid.*

[72] CM Katanga, 16 décembre 2010, Affaire *Gédéon*, *op.cit.*

[73] TMG Bukavu, 16 août 2011, Affaire *Maniraguha*, RP 275/09 et 521/10/ RMP 581 /07 et 1573/KMC/10.

emportées dans le campement des FDLR-RASTA[74], en tant qu'esclaves sexuels. Dans cette affaire, le juge militaire s'est appuyé sur un cas de grossesse forcée subie par une victime, comme moyen de preuve du viol, alors que la grossesse forcée est une infraction autonome pouvant faire l'objet aussi de poursuites différentes du viol. Dans la même affaire, il fait aussi mention d'actes de mutilation génitale perpétrés par le prévenu, appréciés en tant que torture par le juge militaire[75].

Cette position du juge militaire est étonnante au regard du droit congolais et des engagements internationaux de la RDC. En effet, dans la Loi de 2006, le législateur congolais a fait un travail remarquable en incriminant une diversité de comportements qui n'étaient pas érigés en infraction avant 2006 et a, ce faisant, élargi les incriminations des violences sexuelles. La Loi étend les violences sexuelles à l'atteinte à la pudeur, à l'esclavage sexuel, à l'incitation des mineurs à la débauche, au « souteneur et proxénétisme », à la grossesse forcée, au harcèlement sexuel, au mariage forcé, à la mutilation sexuelle, à la pornographie, à la prostitution forcée, à la stérilisation forcée, au trafic et à l'exploitation d'enfants, à la transmission délibérée d'infections sexuellement transmissibles incurables et à la zoophilie[76]. L'incrimination de ces violences sexuelles en droit

---

[74] Les Forces démocratiques de libération du Rwanda sont un groupe armé formé en RDC en 2000. Défendant les intérêts des hutus rwandais réfugiés en RDC et opposé à la présidence de Paul Kagamé, il aurait pris la suite de l'Armée de Libération du Rwanda et compterait dans ses rangs des responsables du génocide des tutsis.

[75] TMG Bukavu, 16 août 2011, Affaire *Maniraguha*, *op.cit.*, *« Le viol est largement utilisé comme moyen de torture, d'atteinte grave à la santé physique et mentale ou d'atteinte à la dignité humaine » ; « dans certaines circonstances, les violences sexuelles peuvent s'apparenter à une forme de torture ».*

[76] Loi n° 06/18 modifiant et complétant le Code pénal congolais, *op.cit.*, art.171 ; 172 ; 173 ; 174 b ; 174 c ; 174 d ; 174 e ; 174 f ; 174 g ; 174 h ; 174 i ; 174 j ; 174 k ; 174 l ; 174 m ;174 n.

congolais illustre la volonté de l'État de couvrir une majorité de comportements répréhensibles. Cet élargissement de la définition des violences sexuelles est conforme à la jurisprudence des TPI et de la CPI. Le droit congolais va même plus loin que les incriminations du droit international pénal. En effet, le législateur tient compte des faits criminels fréquemment présents dans les affaires congolaises en matière de violences sexuelles. C'est le cas par exemple de la transmission délibérée des infections sexuelles. En effet, selon un rapport de Human Rights Watch (HRW), dans les zones de conflit armé congolais, les politiques délibérées de transmission du VIH par le viol sont fréquentes et ont pour objectif de *« punir les civils appartenant à un groupe ethnique particulier »*, ou *« parce qu'ils sont accusés de soutenir l'ennemi »*[77].

II. La poursuite fréquente de l'esclavage sexuel

Les affaires étudiées dans le cadre de cette recherche montrent que le juge militaire poursuit fréquemment l'infraction de l'esclavage sexuel. Le juge militaire affirme que *« toutes les violences sexuelles sont en lien étroit avec l'esclavage sexuel et, en tout état de cause, celui-ci constitue un cadre à la fois courant et idéal pour la réalisation de tels crimes »*[78].

Étudions l'affaire *Kakado*[79] pour présenter l'interprétation de ce crime par le juge militaire. Dans cette affaire, le TMG de Bunia qualifie les faits de crime

---

[77] Human Rights Watch. *République démocratique du Congo : mettre fin à l'impunité pour les violences sexuelles*. [Ressource électronique]. 14 juin 2014. Non paginé.
Disponible sur : https://www.hrw.org/fr/news/2014/06/10/republique-democratique-du-congo-mettre-fin-limpunite-pour-les-violences-sexuelles [consulté le 20/06/2020].

[78] TMG Bukavu, 16 août 2011, Affaire *Maniraguha op.cit.*

[79] TMG Bunia, 9 juillet 2010, Affaire *Kakado*, RP 071/09, 009/010 et RP 074/010.

d'esclavage sexuel en tant que crime de guerre[80]. En l'espèce, un prévenu a gardé en captivité une femme de septembre 2002 à novembre 2003, *« la transformant en épouse lui imposant ainsi des relations sexuelles contre son consentement à plusieurs reprises tout au long de cette période de captivité »*[81]. Le juge militaire s'appuie sur l'article 8-2-b-xxii des *Éléments des crimes* pour poursuivre le crime de l'esclavage sexuel[82]. Ce crime se compose d'un pouvoir associé au droit de propriété sur une personne, interprété en l'espèce comme une privation de la liberté de mouvement d'une personne, exercé sur une personne et la contrainte dans la commission d'actes de nature sexuelle. En l'espèce la victime a été placée sous forte surveillance et consignée au domicile d'un membre du groupe armé[83]. Le juge militaire prend soin de relever la note de bas de page accompagnant l'article en question des *Éléments des crimes* : *« Attendu qu'il faut à ce propos relever que la note de bas de page à la page 53 des Éléments des crimes précise qu'il est entendu qu'une telle privation de liberté peut, dans certaines circonstances inclure des travaux forcés ou d'autres de nature à réduire une personne à l'état de servitude, tel qu'il est défini dans la convention supplémentaire de 1956 relative à l'esclavage. Il est aussi entendu que le comportement décrit dans cet élément inclut la traite d'êtres humains, en*

---

80 *Ibid.*

81 *Ibid.*

82 CPI, *Élément des crimes, op.cit.,* : *« L'auteur a exercé l'un quelconque ou la totalité des pouvoirs découlant du droit de propriété sur une ou plusieurs personnes, par exemple en achetant, vendant, prêtant ou troquant ladite ou lesdites personnes, ou en leur imposant une privation similaire de liberté. L'auteur a contraint ladite ou lesdites personnes à accomplir un ou plusieurs actes de nature sexuelle ».*

83 TMG Bunia, 9 juillet 2010, Affaire *Kakado, op.cit.*

particulier de femmes et d'enfants »[84]. Il applique ensuite ces précisions : *« Au cours de son séjour en captivité dans la concession CODECO à Tsheyi, la victime - témoin a été réduite en esclave sexuel par le combattant PAPY, et quelques fois ensemble avec d'autres femmes, elle a été contrainte aux travaux domestiques forcés, consistant à puiser de grandes quantités d'eaux et à préparer de grandes quantités de nourritures pour les invités à la résidence de l'accusé KAKADO BARNABA YONGA TSHOPENA, pendant les occasions des fêtes »*[85]. Enfin, dans cette affaire, le juge militaire apprécie l'élément psychologique comme *« l'intention de réaliser ces attaques respectivement contre la chefferie de Nyankunde et le Groupement Musedzo et entendaient adopter ce comportement agressif à l'endroit de ces deux entités, autant qu'ils avaient d'autre part, connaissance ou conscience de l'existence d'un conflit armé ne présentant pas un caractère international, et qu'en lançant ces attaques dans cette circonstance, les conséquences telles que les viols et esclavages sexuels adviendraient dans le cours normal des événements »*[86]. En l'espèce, les victimes provenaient d'un village qui s'est, à plusieurs reprises, opposé au groupe armé[87]. Le juge militaire conclut sur la condamnation du prévenu pour crime de guerre par esclavage sexuel à vingt ans de servitude pénale.

Une fois l'acte de nature sexuelle établi, le juge militaire doit établir les circonstances de commission des violences sexuelles afin de les qualifier ou non de crimes.

[84] CPI, *Éléments des crimes, op.cit.*
[85] TMG Bunia, 9 juillet 2010, Affaire *Kakado, op.cit.*
[86] *Ibid.*
[87] *Ibid.*

Section II. Les circonstances de la commission des violences sexuelles

Cette deuxième section est l'occasion d'aborder les éléments coercitifs en matière de violences sexuelles (Paragraphe I.), ainsi que les circonstances atténuantes et aggravantes des violences sexuelles retenues par le juge militaire (Paragraphe II.).

Paragraphe I. Les Éléments coercitifs des violences sexuelles

Le juge militaire distingue l'existence de circonstances coercitives (I.) et l'environnement coercitif (II.).

I. L'existence de circonstances coercitives

La RDC prévoit dans la Loi de 2006, comme circonstances coercitives : *« la violence ou menaces graves ou [...] contraintes à l'encontre d'une personne, directement ou par l'intermédiaire d'un tiers, soit par surprise, par pression psychologique, soit à l'occasion d'un environnement coercitif »*[88].

Les circonstances coercitives peuvent, en effet, couvrir un grand nombre de situations. Pour le juge militaire, la violence peut être physique ou morale. Le juge militaire affirme qu'il « est de jurisprudence internationale, que *« la coercition ne doit pas nécessairement se manifester par une démonstration de force physique. Les menaces, l'intimidation, le chantage et d'autres formes de violence qui exploitent la peur ou le désarroi peuvent caractériser la coercition [...] et suffisent à caractériser ce défaut de*

[88] Loi n° 06/18 modifiant et complétant le Code pénal congolais, *op.cit.*, art.170.

consentement »[89]. La violence physique désigne les pressions physiques exercées sur la victime pour lui imposer des actes de nature sexuelle. C'est par exemple, *« l'emploi de la force »*[90], l'usage de moyen pour contraindre la personne, par exemple le fait que *« la victime a été ligotée »*[91], *« le prévenu l'a même attaché [avec] une corde à la hanche et la lia à sa ceinture »*[92]. La violence morale désigne les pressions psychiques exercées sur la victime pour obtenir d'elle le comportement sexuel que l'on cherche. C'est par exemple le cas de la violence utilisée par le prévenu qui tue préalablement le mari de la victime avant de la soumettre à des relations sexuelles non consenties[93].

Les menaces graves s'entendent de celles qui inspirent à la victime la crainte sérieuse d'exposer sa personne ou celle de ses proches à un mal considérable et présent. La violence et la menace ont pour objectif de contraindre la victime à agir contre sa volonté, *« faisant naitre en elle une crainte »*[94]. Elles ont pour objectif la crainte d'un « mal imminent »[95].

Ces éléments coercitifs sont conformes à ceux retenus par les *Éléments des crimes* de la CPI[96], mais ne couvrent

---

[89] TMG Mbandaka, 30 octobre 2008, Affaire *Lemera*, RP N°132 / RMP N° 0933/KMC/10.

[90] TMG Mbandaka, 18 février 2007, Affaire *Waka Lifumba*, RP 134/2007/ RMP 575 ; TMG Mbandaka, 7 juin 2006, Affaire *Songo Mboyo*, *op.cit.*

[91] *Ibid.*

[92] TMG Bukavu, 16 août 2011, Affaire *Maniraguha op.cit.*

[93] TMG Ituri, 13 décembre 2007, *Affaire MP c/ Mumbere Masimango*, RP N°050/07.

[94] TMG Mbandaka, 18 février 2007, *Affaire Waka Lifumba*, *op.cit.*

[95] *Ibid.*

[96] CPI, *Éléments des crimes*, *op.cit.*, art. 7-1-g-1, para.2, et 8-2-e-vi-1, para.2 : *« Ainsi, pour que la prise de possession du corps d'une personne constitue un viol, il faut qu'elle soit commise dans au moins*

pas exactement les mêmes moyens de coercition. La similitude entre la disposition nationale congolaise et les *Éléments des crimes* est certaine étant donné qu'ils impliquent tous deux l'usage de la violence/force ainsi que des pressions psychologiques ou l'existence d'un environnement coercitif[97]. Les deux dispositions considèrent pareillement que la coercition peut être exercée sur la victime ou par l'intermédiaire d'un tiers. Cependant, l'article 170 de la Loi de 2006 ne fait pas allusion à la détention et à l'abus de pouvoir comme moyens possibles de coercition, à l'inverse des *Éléments des crimes*. Cela étant dit, la disposition nationale congolaise couvre d'autres moyens de coercition qui ne sont pas envisagés dans les *Éléments des crimes*. Ceux-ci incluent la surprise ainsi que *« le fait d'abuser d'une personne en raison d'une maladie, de l'altération de ses facultés ou de toute autre cause accidentelle découlant de la perte de l'usage de ses sens, et enfin la privation de sens par quelques artifices »*[98]. Ce sont les cas où l'agresseur sexuel met à profit la maladie, l'altération mentale ou la privation de sens de la victime pour prendre possession de son corps et perpétrer l'acte sexuel.

L'environnement coercitif est aussi un élément constitutif des violences sexuelles, à côté des circonstances de commission.

II. L'environnement coercitif

L'environnement coercitif couvre un grand nombre de situations, pour le juge militaire. Il entend par environnement coercitif : *« une atmosphère de contrainte*

---

une des quatre conditions suivantes : i) par la force ; ii) en usant à l'encontre de ladite ou desdites ou de tierces.

[97] CPI, *Éléments des crimes*, *op.cit.*, art.7 1) g) -1, art.8 2) b) xxii) -1.

[98] Loi n° 06/18 modifiant et complétant le Code pénal congolais, *op.cit.*, art.170.

exercée par un pouvoir ou une force »[99], suivant en cela le *Jugement Akayesu* au sujet de la « coercition »[100] : *« La coercition ne doit pas nécessairement se manifester par une démonstration de force physique. Les menaces, l'intimidation, le chantage et d'autres formes de violence qui exploitent la peur ou le désarroi peuvent caractériser la coercition, laquelle peut être inhérente à certaines circonstances, par exemple un conflit armé ou la présence militaire d'Interahamwe parmi les réfugiées tutsies au bureau communal*[101] *»*. Le contexte lié à la guerre, aux opérations militaires et la présence d'arme, établit donc un environnement coercitif.

L'environnement coercitif est un élément central pour les violences sexuelles en tant que crimes internationaux[102]. Le juge militaire estime que le contexte du conflit armé et les éléments autour suffisent à établir un environnement

---

[99] TMG Mbandaka, 18 février 2007, Affaire *Waka Lifumba, op.cit.*

[100] Voir TPIR, Jugement *Akayesu, op.cit.*, para.688.

[101] *Ibid.*

[102] FOUTAIN Caleb, « Sexual Violence, the Ad Hoc Tribunals and the International Criminal Court: Reconciling Akayesu and Kunarac », *ISLA Journal of International law & Comparative law*, Volume 19, N°2, 2013, pp. 251-262, *« Although lack of content' features in a significant number of domestic legislations (...) national laws were never intended to fit the definition of rape to genocide, crimes against humanity and war crimes situations »*. Elle ajoute, dans le cadre des crimes contre l'humanité, que *« introducing lack of consent' into the definition of rape as a crime against humanity (...) was both inappropriate and unnecessary in view of the fact that any alleged rape would, in any event, have to be considered as part of a widespread and systematic attack on a civilian population on discriminatory grounds, suggesting the existence of coercive circumstances that negate any possibility of consent »*. Elle relève enfin que *« including consent in the definition of rape can expose victims of sexual violence to painful and humiliating questions which are not relevant in situations where force, coercion or coercive circumstances are present »* et conclut: *« It is insulting to most rape victims (...) and may lead to revictimization »*.

coercitif. Dans l'*affaire Bavi Ghety*[103], les faits mis à charge des accusés sont consécutifs à un affrontement armé qui a eu lieu le 19 juillet 2006 à Bavi en Ituri. Cet affrontement opposait les troupes gouvernementales et les troupes d'une milice armée commandée par un certain Cobra Matata, constituée en majorité par des autochtones de la tribu « NGITI ». Après la conquête de la localité par les troupes gouvernementales, celles-ci vont poursuivre les miliciens infiltrés dans la population civile. Ainsi, au cours des poursuites, plusieurs personnes seront capturées, arrêtées, et certaines violées puis exécutées. Le TMG de l'Ituri affirme qu'« *en l'espèce les femmes et fillettes violées étaient arbitrairement arrêtées et l'existence du conflit armé constituait un environnement coercitif* »[104].

Enfin, l'*affaire Maniraguha*[105] est l'occasion pour le TMG de Bukavu d'affirmer que la présence d'armes blanches sur le lieu du crime pouvait établir un environnement coercitif. En l'espèce, il s'agissait de machettes[106]. Le juge militaire confirme sa position large dans la qualification de l'environnent coercitif.

L'acte de nature sexuelle et la coercition sont les éléments constitutifs de l'infraction des violences sexuelles. Dans la commission des violences sexuelles, les circonstances aggravantes et atténuantes sont importantes, car elles caractérisent la gravité de l'infraction.

---

[103] TMG Ituri, 2 août 2006, Affaire *Bavi-Ghety*, *op.cit.*

[104] CM Province orientale, Affaire *Bavi Ghety*, RP 101/2006, 28 juillet 2007.

[105] TMG Bukavu, 16 août 2011, Affaire *Maniraguha*, *op.cit.*

[106] *Ibid.*

Paragraphe II. Les circonstances aggravantes et atténuantes en matière de violences sexuelles

Les circonstances aggravantes et atténuantes en matière de violences sexuelles sont employées de manière différente par le juge militaire. Les circonstances atténuantes sont fréquemment acceptées (I). Au contraire, les circonstances aggravantes sont absentes des jugements militaires (II.).

I. Le recours fréquent à des circonstances atténuantes

Le CJM prévoit que *« chaque circonstance aggravante ; chaque cause d'excuse invoquée [fasse] l'objet d'une question distincte abordée par le juge »*[107]. Le CJM et le CPM ne décrivent ni ne fournissent d'exemples ou d'informations complémentaires sur la nature des circonstances qui peuvent être déclarées atténuantes ou aggravantes.

Le juge militaire considère quant à lui comme circonstances atténuantes la collaboration avec la justice, l'absence d'antécédents, la situation professionnelle et personnelle du coupable.

Concernant la collaboration, le juge militaire affirme dans l'affaire *Maniraguha* : que *« le prévenu SIBOMANA a sensiblement collaboré avec la justice dont sa collaboration en termes de ses allégations a permis au juge de vider certaines zones d'ombre aux fins de la vérité judiciaire ; ceci est un aspect positif pour appeler en sa*

[107] Loi N°023/2002 du 18 novembre 2002 portant Code Judicaire Militaire, *JO 20 mars 2003*, art.255 : *« Le président pose à chaque juge et juge assesseur la question de savoir si le prévenu est coupable d'avoir commis le fait de la prévention tel que spécifié dans le dispositif de la décision de renvoi, ou de la traduction directe. Chaque circonstance aggravante, chaque cause d'excuse invoquée fait l'objet d'une question distincte ».*

faveur des larges circonstances atténuantes »[108]. La collaboration avec la justice doit permettre de faire avancer l'enquête ou d'apporter des éléments probants au cours du procès. Concernant l'absence d'antécédents, la « qualité délinquante primaire » d'un coupable peut lui permettre des circonstances atténuantes. Ce sont les cas où il s'agit de la première infraction du prévenu. Dans la même affaire *Maniraguha,* le juge militaire *« condamne en conséquence tous les prévenus chacun en ce qui le consterne avec admission des larges circonstances atténuantes dues [...] à la délinquance primaire à 2 ans de servitude pénale principale »*[109]. En l'espèce, les prévenus sont poursuivis pour viol constitutif de crime de guerre. Le juge militaire estime que l'absence d'antécédents permet d'établir des circonstances atténuantes. Toujours dans cette affaire, le juge militaire déclare pour un autre prévenu que : *« sa situation de père d'une famille nombreuse ainsi que son comportement jusqu'ici rester irréprochable avant les faits de la cause et ayant rendu de beaux et loyaux services à la nation, tous ces éléments sont des indicateurs positifs appelant à sa faveur de très larges circonstances atténuantes »*[110]. Le juge militaire est sensible aux circonstances atténuantes pour les prévenus accusés de violences sexuelles constitutives de crimes internationaux, notamment et surtout lorsqu'il s'agit d'un membre des FARDC. Il fait tout de suite référence « au beau et loyal »[111] service rendu par celui-ci pour alléger sa peine. Finalement,

---

[108] TMG Bukavu,16 août 2011, Affaire *Maniraguha, op.cit.*

[109] *Ibid.*

[110] *Ibid.*

[111] TMG Bukavu, 20 mai 2013, Affaire *Mupoke, op.cit. : « son comportement jusqu'ici resté irréprochable avant les faits de la cause et ayant rendu des beaux et loyaux services à la nation, tous ces éléments sont des indicateurs positifs appelant à sa faveur de très larges circonstances atténuantes. Ainsi, le Tribunal de céans en le déclarant coupable les lui accordera ».*

le juge militaire adopte un comportement partial lorsqu'il est en face d'un élément de l'armée. Cette position concourt à l'impunité de ces crimes en RDC.

Il faut rappeler que les circonstances atténuantes sont plus limitées dans les *Éléments des crimes* de la CPI que dans la jurisprudence militaire congolaise. La CPI reconnaît comme circonstance atténuante : *i) Circonstances qui, tout en s'en approchant, ne constituent pas des motifs d'exonération de la responsabilité pénale, comme une altération substantielle du discernement ou la contrainte ; ii) Comportement de la personne condamnée postérieurement aux faits, y compris les efforts qu'elle peut avoir faits pour indemniser les victimes et son attitude coopérative à l'égard de la Cour*[112]. Dans l'*affaire Thomas Lubanga Dyilo*, la chambre de première instance se prononce sur deux circonstances susceptibles d'être prises en considération au titre des circonstances atténuantes. La défense a relevé des circonstances atténuantes, notamment l'état de nécessité, les ordres de démobilisation que le prévenu a donnés, et la coopération du prévenu avec la CPI[113]. La chambre de première instance ne retient que la coopération du condamné avec la cour comme circonstance atténuante[114]. En l'espèce, en effet, elle tient compte du fait que le condamné a été *« respectueux et coopératif pendant toute la durée des procédures, en dépit de circonstances particulièrement difficiles »*[115]. Nonobstant cette position de principe, la chambre de première instance estime que ces

---

[112] CPI, 8 décembre 2016, *Le Procureur c. Jean Pierre Bemba Gombo Aimé Kilolo Musamba, Jean Jacques, Mangenda Kabongo, Fidèle Babala Wandu et Narcisse Arido*, N° II, ICC-01/05-01/13, Situation en République Centrafrique, Chambre de première instance V, para.19.

[113] CPI, *Le Procureur c. Thomas Lubanga Dyilo*, Décision relative à la peine, rendue en application de l'article 76 du Statut, *op.cit.*

[114] *Ibid.*

[115] *Ibid.*, para.90 et 91.

éléments ne sont pas susceptibles de justifier une réduction de peine dans cette affaire.

II. L'absence récurrente de prise en compte de circonstances aggravantes

La Loi de 2006 établit plusieurs circonstances aggravantes, notamment pour les violences sexuelles[116] (on peut citer par exemple les violences sexuelles commises par des agents de polices ou des forces armées, en collectif, ou sur une personne en captivité). Le traitement des plaintes de violences sexuelles par le juge militaire révèle que celui-ci ne retient pas ces circonstances aggravantes, bien qu'elles soient parfois mentionnées dans le corps de la décision[117].

---

[116] Loi n° 06/18 modifiant et complétant le Code pénal congolais, 20 juillet 2006, *op.cit.*, art. 171-6-7-910 : *« 1. si les coupables sont les ascendants ou descendants de la « personne sur laquelle ou à l'aide de laquelle l'attentat a été commis ; 2. s'ils sont de la catégorie de ceux qui ont autorité sur elle ; 3. s'ils sont ses enseignants ou ses serviteurs à gage ou les « serviteurs des personnes ci-dessus indiquées ; 4. si l'attentat a été commis soit par les agents publics ou par « des ministres du culte qui ont abusé de leur position pour le « commettre, soit par le personnel médical, para-médical ou assistants « sociaux, soit par des tradipraticiens, envers les personnes confiées à « leurs soins ;5. si le coupable a été aidé dans l'exécution de l'infraction par « une ou plusieurs personnes ; 6. s'il est commis sur des personnes captives par leurs « gardiens ; 7. s'il est commis en public ; 8. s'il a causé à la victime une altération grave de sa santé et/ou « laissé de séquelles physiques et/ou psychologiques graves ; 9. s'il est commis sur une personne vivant avec handicap ; 10. si le viol a été commis avec usage ou menace d'une arme. En cas de viol tel qu'aggravé au sens du point 1 et 2 de « l'alinéa 1er, le juge prononcera en outre la déchéance de l'autorité « parentale ou tutélaire si l'infraction a été commise par une « personne exerçant cette autorité conformément à l'article 319 du « Code de la famille ».*

[117] ASF, *La justice face à la banalisation du viol en RDC- Étude de jurisprudence en matière des violences sexuelles en droit commun*, Bruxelles, mai 2012.

Par exemple, dans une affaire traitée par le TM Mbandaka[118], deux agents de police avaient violé une femme lors de sa détention, le juge mentionne leur qualité d'agent public, mais cela n'a pas été retenu comme circonstance aggravante par le tribunal, ni d'ailleurs le fait que le viol avait été commis sur une personne en captivité par ses gardiens, ni encore le fait que les coupables aient été aidés par une ou plusieurs personnes, notamment par deux autres agents. Le juge militaire confirma leur condamnation pour détention arbitraire et viol, mais réduisit leur peine de 5 ans à 3 ans à la suite de *« larges circonstances atténuantes »*[119].

Dans une autre affaire, un lieutenant FARDC, en service à la sécurité des frontières, interpella une fille de 15 ans qui souhaitait rentrer chez elle. Il l'entraîna derrière un bâtiment, menaça de la frapper avec un bâton et l'enferma au cachot où il la viola. La CM condamna le prévenu à 7 ans de servitude pénale, une fois de plus sans retenir sa qualité d'agent public comme circonstance aggravante[120].

Le juge militaire congolais manque donc l'occasion de sanctionner des pratiques sexuelles d'une gravité extrême.

Par exemple dans l'*affaire Lemera*[121], plusieurs soldats FARDC ont été reconnus coupables de viol sur une femme aveugle. Mais à la question de savoir s'il y avait lieu de retenir en faveur des prévenus des circonstances aggravantes le juge a donné une réponse négative. Or la Loi de 2006 la reconnaissait comme une personne vulnérable. Le juge militaire a une approche restrictive des personnes vulnérables. Par exemple, dans plusieurs affaires[122], comme

---

[118] CM Mbandaka, 30 mai 2008, R.P.A 024/2008.

[119] *Ibid.*

[120] CM Bukavu, 24 novembre 2008, RPA.091.

[121] Haute cour militaire, 30 octobre 2008, Affaire *Lemera, op.cit.*

[122] CM Bukavu, 20 mai 2013, Affaire *Mupoke, op.cit. ;* CM Katanga, 16 décembre 2010, Affaire *Gédéon, op.cit.*

celle de *Lemera*, il n'y a pas de considération particulière des violences sexuelles commises sur les femmes enceintes[123] ou avec une violence extrême, tandis que le *Statut de Rome* consacre la « cruauté particulière du crime »[124] comme circonstances aggravantes.

[123] Haute cour militaire, 30 octobre 2008, Affaire *Lemera*, *op.cit.*

[124] CPI, Règlement de preuve et procédure, *op.cit.*, Règle 145, al 2, *« Outre les considérations susmentionnées, la Cour tient compte, selon qu'il convient :a) De l'existence de circonstances atténuantes telles que : i) Circonstances qui, tout en s'en approchant, ne constituent pas des motifs d'exonération de la responsabilité pénale, comme une altération substantielle du discernement ou la contrainte ; ii) Comportement de la personne condamnée postérieurement aux faits, y compris les efforts qu'elle peut avoir faits pour indemniser les victimes et son attitude coopérative à l'égard de la Cour ; b)De l'existence de circonstances aggravantes telles que : i)Condamnations pénales antérieures pertinentes pour des crimes relevant de la compétence de la Cour ou de nature comparable ; ii) Abus de pouvoir ou de fonctions officielles ; iii) Vulnérabilité particulière de la victime ; iv) Cruauté particulière du crime ou victimes nombreuses ; v) Mobile ayant un aspect discriminatoire fondé sur l'une des considérations énumérées au paragraphe 3 de l'article 21 ; vi) Autres circonstances de nature comparable ».*

CHAPITRE II. LA QUALIFICATION DES VIOLENCES SEXUELLES COMME CRIMES INTERNATIONAUX

Le juge militaire congolais n'a traité que des violences sexuelles constitutives de crimes contre l'humanité et crimes de guerre. Il écarte les définitions du crime contre l'humanité et crime de guerre établies dans le CPM, car ces définitions sont différentes, voire contradictoires avec les définitions établies en droit international pénal[125]. Il applique donc le corpus juridique de la CPI pour qualifier les violences sexuelles de crimes contre l'humanité et crimes de guerre. Dans l'affaire *Baseme Ofidi et consorts*[126], dont le jugement a été rendu par le TMG de Goma le 24 avril 2009, le juge militaire statuait sur la portée normative du *Statut de Rome* de la CPI dans l'ordre juridique congolais. Il ressort, de cette jurisprudence, que le droit positif congolais a introduit dans son arsenal législatif le *Statut de Rome*, lequel devient désormais un instrument juridique faisant partie intégrante de la législation pénale congolaise. Le *Statut de Rome* a une force à la fois normative en RDC, et supérieure aux autres lois en vertu de l'article 215 de la Constitution congolaise[127].

---

[125] Loi N° 024-2002 du 18 novembre 2002 portant Code pénal militaire, *op.cit.*, art.165 : *« des violations graves du droit international humanitaire commises contre toutes populations civiles avant ou pendant la guerre »*, tout en précisant que *« les crimes contre l'humanité ne sont pas nécessairement liés à l'état de guerre »* ; L'article 173 définit les crimes de guerre comme *« toutes infractions aux lois de la République commises pendant la guerre et qui ne sont pas justifiées par les lois et coutumes de la guerre»*.

[126] TMG Goma, 24 avril 2009, Affaire *Baseme Ofidi et al*, RP 356/2009 RMP 0042/KNG/09.

[127] Loi n° 11/002 du 20 janvier 2011 portant révision de certains articles de la Constitution de la République démocratique du Congo du 18 février 2006, *JO* 5 février 2011, art.215 *« Les traités et accords internationaux régulièrement conclus ont dès leur publication, une*

Sur l'appréciation des éléments constitutifs des crimes internationaux, le juge militaire adopte une approche anachronique où il reprend les interprétations de ces éléments contextuels du crime contre l'humanité et crime de guerre faite par le TPIY et TPIR, sans faire état de la jurisprudence de la CPI. Par exemple, dans l'affaire *Tadic* du TPIY, l'attaque « généralisée » dénote, entre autres, l'échelle de l'attaque et le nombre de victimes, et l'attaque « systématique » se réfère à un schéma ou plan méthodique organisé[128]. Or, la jurisprudence de la CPI a confirmé le critère suivant : « en application ou dans la poursuite de la politique d'un État ou organisation ayant pour but une telle attaque » pour l'attaque générale et systématique. Cet élément politique ou d'organisation est appliqué de manière partielle par le juge militaire, dans le sens où il n'est retenu que pour l'attaque systématique, comme dans l'affaire *Tadic*.

L'interprétation des éléments constitutifs du crime de guerre tel que « l'existence d'un conflit armé », « l'autorité gouvernementale », « le groupe armé organisé », « l'existence d'un lien » et « la connaissance des circonstances de faits établissant l'existence d'un conflit armé », consacrée par la CPI, fait également l'objet d'une application partielle du juge militaire.

Étudions successivement l'appréciation par le juge militaire congolais des éléments contextuels des violences sexuelles constitutives de crimes contre l'humanité (Section I.), puis de crimes de guerre (Section II.).

---

autorité supérieure à celle des lois, sous réserve pour chaque traité ou accord, de son application par l'autre partie ».

[128] TPIY, Jugement *Tadic*, *op.cit.*, para.646 et para.648.

Section I. Les éléments constitutifs du crime contre l'humanité

Dans sa jurisprudence le juge militaire établit pour le crime contre l'humanité les éléments constitutifs suivant : une attaque généralisée ou systématique ; une attaque lancée contre une population civile ; la connaissance de cette attaque et l'intention d'y participer. Les deux premiers sont les éléments matériels (Paragraphe I.), puis les autres sont des éléments psychologiques (Paragraphe II.).

Paragraphe I. Les éléments matériels

Le juge militaire reprend le *Statut de Rome* sur le caractère généralisé et systématique de l'attaque contre une population civile (I.), mais rejette l'élément politique pour l'attaque généralisée (II.) consacrée dans l'interprétation du crime contre l'humanité de la CPI.

I. Le caractère généralisé et systématique de l'attaque

Le juge militaire définit l'attaque comme un acte de violence, une agression contre une ou plusieurs personnes[129]. C'est par exemple le cas d'une « campagne militaire »[130] ou d'une « opération »[131]. Toute attaque dirigée *« contre une importante frange des victimes ou qui engendre immenses dégâts est visée par la loi peu importe qu'elle soit menée à l'aide d'armes à feu, d'armes blanches, bidons d'essence, pilons [..]. »*[132].

Le juge militaire souscrit à la jurisprudence des TPI selon laquelle le terme « généralisé » dénote que l'attaque a

[129] TMG Mbandaka, 18 février 2007, Affaire *Waka Lifumba*, *op.cit.*
[130] *Ibid.*
[131] TMG Bukavu, 16 août 2011, Affaire *Maniraguha*, *op.cit.*
[132] *Ibid.*

été menée sur une grande échelle et qu'elle visait un grand nombre de personnes[133], et qu'une telle attaque présente *« un caractère massif, fréquent, et que, menée collectivement, elle revêt une gravité considérable pour une multiplicité des victimes »*[134]. Le nombre élevé de victimes et le fait que les auteurs ont agi en groupe réalisent *de facto* le caractère massif de l'attaque. Pour le juge militaire, « *il n'existe pas un critère quantitatif ou un seuil à partir duquel le crime contre l'humanité est réalisé. Il appartient au juge de fond d'en apprécier* » les faits[135]. Il qualifie de « massif » les viols commis sur *« une grande échelle des victimes »*[136], « *le nombre élevé des victimes, soit trente et une femmes, dont huit mineurs* »[137], ou encore lorsque le viol est commis par une *« multiplicité de policiers »*[138]. Le juge militaire a recours à la qualification de *« viol massif »* pour établir l'attaque généralisée constitutive de crime contre l'humanité[139]. Les affaires *Waka Lifumba* et *Lemera* illustrent cette tendance. Dans la première affaire, une plainte est déposée contre plusieurs commandants FARDC. Ces personnes auraient attaqué la population civile des villages de Linkudju, Likado et Inganda. Durant cette attaque ont eu lieu des enlèvements, tortures, pillages et viols de filles et de femmes. Des préjudices tant physiques que matériels ont été commis. Dans cette affaire, le juge militaire « *établit tant en fait comme en droit l'infraction de crime contre l'humanité par viol massif mis à charge des*

---

133 TMG de l'Équateur, 7 juin 2006, *Affaire Songo Mboyo, op.cit.*
134 TMG Mbandaka, 18 février 2007, Affaire *Waka Lifumba, op.cit.*
135 TMG Équateur, 7 juin 2006, *Affaire Songo Mboyo, op.cit.*
136 TMG Mbandaka, 18 février 2007, *Affaire Waka Lifumba, op.cit.*
137 TMG Kisangani, 3 juin 2009, *Affaire Colonel Thom's, op.cit.*
138 TMG Mbandaka, 18 février 2006, *Affaire Waka Lifumba, op.cit.*
139 TMG Équateur, 7 juin 2006, *Affaire Songo Mboyo* ; TMG Mbandaka, 18 février 2006, *Affaire Waka Lifumba* ; TMG Uvira, 30 octobre 2010, *Affaire Lemera, op.cit., « le crime contre humanité par viol massif, prévu par l'article 167 est expressément puni de mort ».*

prévenus »[140]. Dans l'*affaire Lemera,* le Tribunal a également qualifié les faits de *« viols massifs constitutifs de crime contre l'humanité »*[141]. En l'espèce, ce sont 7 femmes qui furent violées de manière répétitive par un bataillon des FARDC. La notion de « viol massif» n'existe ni dans le *Statut de Rome* ni dans la législation interne congolaise. Elle résulte d'une construction jurisprudentielle des juges militaires, dans le but de rendre compte des violences sexuelles commises en masse et de dénoncer le mode opératoire du « viol collectif». En revanche, le caractère fréquent, également requis pour caractériser une attaque *généralisée,* n'est pas obligatoirement envisagé selon un critère de répétition dans le temps par le juge militaire. Par exemple, dans l'*affaire Songo Mboyo* tous les crimes ont été commis le même soir[142].

Concernant l'attaque systématique, elle s'inscrit dans « *un plan préconçu ou d'une politique »*[143] ou d'une *« organisation »*[144] ayant pour but une telle attaque. Elle tient du fait que l'acte est soigneusement organisé selon un modèle régulier en exécution d'une politique concertée mettant en œuvre des moyens publics ou privés considérables. Le juge militaire entend par plan ou

---

[140] TMG Mbandaka, 18 février 2006, Affaire *Waka Lifumba, op.cit.*

[141] Haute cour militaire, 30 octobre 2008, Affaire *Lemera, op.cit.*

[142] TMG équateur, 7 juin 2006, Affaire *Songo Mboyo, op.cit.*

[143] TMG, 16 août 2011, Affaire *Maniraguha, op.cit., « Le prévenu KABALA a révélé à l'audience publique du 11 octobre la tenue de ladite réunion à l'issue de laquelle, ils étaient instruits de lancer un assaut c'est ainsi que sa compagnie s'était placé au flanc droit de l'église et la 2e compagnie du prévenu NDAISABA à gauche de celle-ci, l'église où se trouvait leur État-major supervisé par les prévenus en fuite S3 KASEREKA Donat et MONGA MUKANGA BANTU, ceci revient à dire que la planification avait eu bel et bien lieu ».*

[144] TMG Mbandaka, 18 février 2007, Affaire *Waka Lifumba, op.cit., « L'attaque systématique implique la nécessité d'un plan ou d'une politique préconçue, même à l'insu des instances étatiques ».*

politique, tout acte illustrant la préparation de l'attaque, par exemple avec la tenue de réunions dans l'*affaire Maniraguha*[145]. Cet élément politique n'a pas besoin d'être énoncé de façon formelle. Cette condition est remplie par une attaque planifiée, dirigée ou organisée, et non par une attaque constituée d'actes de violence spontanés ou isolés[146]. Pour le critère de l'organisation, le juge militaire reprend l'appréciation faite de la chambre préliminaire II de la CPI relative aux charges portées contre Jean Pierre Bemba *: « la politique d'un État ou d'une organisation exige que l'attaque ait été organisée selon un modèle régulier. Une telle politique peut être mise en place par des groupes de personnes dirigeant un territoire spécifique ou par toute organisation capable de commettre une attaque généralisée ou systématique contre la population civile »*[147].

En droit international pénal, l'imputation de la politique à un État ou une organisation est une exigence nouvelle. Par rapport à la CPI, le juge militaire ne retient pas l'élément politique pour établir l'attaque générale.

II. Rejet de l'élément politique pour l'attaque générale

Aux termes de l'article 7 du *Statut de Rome,* l'attaque doit être menée *« en application ou dans la poursuite de la politique d'un État ou d'une organisation ayant pour but une telle attaque »*. Cette condition présuppose l'existence soit d'un « État » soit d'une *« organisation »*. Dans l'affaire concernant Germain Katanga et Mathieu Ngudjolo Chui, la Chambre préliminaire I a ainsi conclu ce qui suit *: « Outre*

[145] TMG Bukavu, 16 août 2011, Affaire *Maniraguha, op.cit.*

[146] Cour Militaire Sud Kivu, 21 février 2011, *Affaire Kibibi et consorts, op.cit.*

[147] TMG Bukavu, 16 août 2011, Affaire *Maniraghua, op.cit.*

qu'elle doit avoir été menée dans une zone géographique étendue ou avoir été dirigée contre un grand nombre de victimes [...], une attaque généralisée doit aussi s'inscrire dans le cadre de la politique d'une organisation, c'est-à-dire qu'elle doit avoir été soigneusement organisée selon un modèle régulier. Elle doit également être exécutée dans la poursuite d'une politique concertée mettant en œuvre des moyens publics ou privés. Cette politique peut être mise en place par des groupes de personnes dirigeant un territoire donné ou par toute organisation capable de commettre une attaque généralisée ou systématique contre une population civile. Cette politique ne doit pas nécessairement être définie explicitement par l'organisation en question. Une attaque doit donc être planifiée, dirigée ou organisée, et non constituée d'actes de violence spontanés ou isolés, pour répondre à ce critère »[148].

L'affaire *Songo Mboyo*[149] est l'une des premières affaires où les juges militaires traitent des crimes internationaux. Les faits se déroulaient dans la localité de Songo Mboyo dans la province de l'Équateur le 23 décembre 2003. Un groupe de militaires s'est révolté parce qu'il soupçonne leurs chefs hiérarchiques de détourner leurs salaires. Durant cette révolte, les militaires s'en sont pris à la population civile, en se livrant à des viols collectifs d'au moins trente et une femmes. Ces militaires seront poursuivis notamment pour viols comme crimes contre l'humanité. Le nombre élevé de victimes permet aux juges de conclure au caractère généralisé de l'attaque. Dans le jugement, le juge ne cherche pas à établir l'élément de planification, car selon lui *« l'attaque généralisée tient du fait de la pluralité des victimes ».* Cette approche

---

[148] CPI, 7 mars 2014, *Le Procureur c. Germain Katanga et Mathieu Ngudjolo Chui*, N° : ICC-01/0401/07-717, Chambre préliminaire I, Décision relative à la confirmation des charges, para.396.

[149] TMG Équateur, 7 juin 2006, Affaire *Songo Mboyo*, *op.cit.*

anachronique conduit le juge militaire à adopter une interprétation désuète des éléments constitutifs du crime contre l'humanité. Elle se rapproche de l'interprétation du TPIR[150]. À ce sujet, la Chambre de première instance de la CPI dans l'affaire *Bemba* affirme : *« Il importe toutefois de souligner que les chambres ont en général fait preuve de prudence à l'égard de la jurisprudence des autres cours et tribunaux internationaux et ont insisté sur le fait que la Cour n'est aucunement liée par celle-ci »*[151].

Une autre illustration, c'est l'affaire dite *des Mutins de Mbandaka*[152]. Les faits se sont passés dans la ville de Mbandaka. Un groupe de près de 61 militaires décidèrent d'aller venger leur compagnon d'armes retrouvé mort mutilé dans la ville de Mbandaka. Sur la base d'une culpabilité collective qu'ils imputaient aux habitants de la ville, les militaires se sont livrés à des « tueries aveugles », au viol et au pillage des biens des habitants de la ville où le corps de leur compagnon a été trouvé. Le bilan de ces attaques est accablant. En effet, il est rapporté 6 personnes tuées, 12 blessées, 46 personnes violées, 96 personnes victimes de pillages de leurs biens. Dans ce jugement, le juge militaire reproduit le syllogisme de *Songo Mboyo*, parce qu'il n'a pas cherché à ériger l'existence d'une éventuelle organisation préalable. D'autant plus que, la manière dont ces crimes ont été perpétrés ne permet pas de déduire cet élément politique. Il semble très incertain d'affirmer qu'on a une *« attaque lancée contre une population civile »* telle que définie par le *Statut de Rome* de la CPI et interprétée par les Chambres.

---

[150] TPIR, Jugement *Akayesu, op.cit.,* para.80.

[151] CPI, 21 mars 2016, *Le Procureur c. Jean-Pierre Bemba Gombo*, N° : ICC-01/05-01/08, *Situation en République centrafricaine*, La chambre de première instance III, para.72.

[152] TMG Mbandaka, 20 juin 2006, Affaire *Des Mutins de Mbandaka, op.cit.*

Dans l'affaire *Kahwa*[153], il apparaît, explicitement dans les faits, des éléments de planification que le juge militaire ne considère pas. En l'espèce, il est reproché à Kahwa d'avoir créé en 2002 le mouvement insurrectionnel le « *Parti pour l'unité et la sauvegarde de l'intégrité du Congo* », d'avoir illégalement détenu des armes de guerre, avec lesquelles il aurait commis des crimes contre l'humanité[154]. Dans cette affaire, une organisation est présente, en l'occurrence le Parti pour l'Unité et la Sauvegarde de l'Intégrité du Congo (PUSIC). PUSIC est une branche du groupe armé UPC (Union des patriotes congolais) fondé en 2001 par Thomas Lubanga. Selon les renseignements disponibles dans le jugement, le PUSIC aurait été créé avec des objectifs politiques, à savoir protéger les membres de l'ethnie Bahema Banywagi[155]. Enfin, le fait de désigner la population de Zumbe comme « ennemi » qui serait en train de préparer un génocide, et que pour se défendre il faille attaquer ces « ennemis »[156] semblent être des éléments d'une organisation pouvant se rattacher à l'exigence de l'article 7-2-a, tel qu'interprété par la CPI elle-même. Mais le juge militaire n'aborde pas cette question.

Dans ces trois jugements, le juge militaire s'est borné au seul élément « généralisé » de l'attaque sans chercher à savoir si les actes reprochés aux accusés répondaient aux critères d'une attaque « en application ou dans la poursuite de la politique d'un État ou d'une organisation ayant pour but une telle attaque » conformément au *Statut de Rome*.

---

[153] Cour Militaire de la Province Orientale, 28 juillet 2007, Affaire *Kahwa*, RMP 227/PEN/2006.

[154] *Ibid.*

[155] *Ibid.*

[156] *Ibid.*

Paragraphe II. L'élément psychologique

Le juge militaire exige la connaissance de l'attaque (I.) et l'intention de commettre l'infraction dans l'attaque (II.) comme élément psychologique.

I. La connaissance de l'attaque et des violences sexuelles commises dans l'attaque

La connaissance de l'attaque implique pour l'auteur du crime contre l'humanité *« d'avoir agi en connaissance de cause et librement »*, pour le juge militaire[157]. Le prévenu doit comprendre le contexte général dans lequel s'inscrit son acte[158], c'est-à-dire avoir conscience de la réalisation des éléments constitutifs du crime contre l'humanité. Dans l'affaire *Waka Lifumba*, le juge militaire se contente d'affirmer : *« Qu'en l'espèce le prévenu BAENDE connaissait en ce qui le concerne, que les tortures et viols perpétrés sur cette population s'inscrivaient dans le cadre d'une attaque généralisée que les éléments de la PNC BASANKUSU avaient lancée sur la population civile de LIKUNDJU, LIKAKO et INGANDA »*[159]. Le juge militaire ne développe cependant pas son appréciation de la connaissance de l'attaque. Dans l'affaire *Songo Mboyo*, le jugement ne présente pas les détails de la motivation du juge militaire sur l'élément de la connaissance. Le juge militaire énonce « *dans le cas sous examen, les prévenus connaissaient, chacun en ce qui le concerne, que les actes cruels posés s'inscrivaient dans le cadre d'une attaque généralisée que les éléments du 9e Bataillon infanterie avaient lancé sur la population civile de Songo Mboyo* »[160].

[157] TMG Mbandaka, 18 février 2007, Affaire *Waka Lifumba, op.cit.*
[158] *Ibid.*
[159] *Ibid.*
[160] TMG Équateur, 7 juin 2006, Affaire *Songo Mboyo, op.cit.*

À aucun moment, le juge militaire ne cherche à démontrer que l'auteur des actes avait effectivement connaissance des risques que ses actes faisaient courir aux victimes ou avait même conscience que son acte s'inscrivait dans le cadre d'une attaque généralisée ou systématique contre la population civile. Dans le jugement *Kawha*[161], le juge procède à la vérification des faits en ce qui concerne la connaissance : « *En l'occurrence, le prévenu Kahwa était au courant de l'attaque de Zumbe, car il contrôlait tout ce secteur ; que sa qualité de Chef de collectivité et Chef de milice PUSIC, et après avoir été ministre de la Défense d'une autre milice l'UPC ne pouvait pas le mettre dans une situation d'ignorance de l'attaque engagée par les membres du PUSIC à Zumbe et, par-dessus tout, les conseils du prévenu confirment que cette attaque de Zumbe était dans le cadre d'une contrattaque organisée et commandée par le prévenu* »[162]. Le jugement rendu dans l'affaire des *Mutins de Mbandaka* suit le même raisonnement, en établissant que « *l'auteur du crime contre l'humanité doit avoir agi en connaissance de cause et librement* ». Le tribunal s'appuie sur le fait que « *chacun des prévenus a reconnu avoir connaissance que les actes posés par eux faisaient partie de l'attaque généralisée lancée par les insurgés contre la population civile* »[163].

---

[161] Cour Militaire de la Province Orientale, 28 juillet 2007, Affaire *Kahwa, op.cit.*
[162] *Ibid.*
[163] TMG de Mbandaka, 20 juin 2006, Affaire *Des Mutins de Mbandaka, op.cit.*, p.25.

II. L'intention de commettre l'infraction dans la cadre de l'attaque

L'acte criminel doit faire partie de l'attaque et l'auteur doit vouloir adopter le comportement criminel (intention). Pour déterminer si le lien requis existe, le juge militaire procède à un examen objectif tenant compte, en particulier, des caractéristiques, des buts, de la nature et/ou des conséquences de ces actes. En principe, sont exclus de la notion de crime contre l'humanité les actes isolés, commis par des auteurs individuels à l'encontre d'une seule personne[164].

Dans l'affaire *Songo Mboyo*, les juges ont rappelé : « *Il y a intention au sens du présent statut lorsque relativement à un comportement, une personne entend adopter ce comportement et relativement à une conséquence, une personne entend causer cette conséquence ou est consciente que celle-ci adviendrait dans le cours normal des événements* »[165]. Afin de vérifier que ces éléments étaient en l'espèce réunis, les juges énoncent que « *dans le cas sous examen, les prévenus connaissaient, chacun en ce qui le concerne, que les actes cruels posés s'inscrivaient dans le cadre d'une attaque généralisée que les éléments du 9e Bataillon infanterie avaient lancé sur la population civile de Songo Mboyo* »[166]. Le jugement ne fournit aucune information sur les éléments de preuves qui ont été utiles pour tirer cette conclusion. En appel, le juge militaire n'a pas non plus précisé les éléments de preuve retenus pour établir l'élément moral.

---

[164] TMG Uvira, 30 octobre 2010, Affaire *Lemera* (premier degré), *op.cit.*

[165] TMG de Mbandaka, 7 juin 2006, Affaire *Songo Mboyo, op.cit.*, p.35.

[166] *Ibid.*

Section II. Les éléments constitutifs du crime de guerre

Dans la jurisprudence militaire sur le crime de guerre, les éléments constitutifs sont : le conflit armé, l'attaque contre des personnes ou des biens protégés et la connaissance de l'existence d'un conflit armé. Les deux premiers éléments sont des éléments matériels (Paragraphe I.), les autres relèvent des éléments psychologiques (Paragraphe II.).

Paragraphe I. Les Éléments matériels

Le juge militaire requiert l'existence d'un conflit armé interne ou international (I.) contre des personnes protégées (II.) pour établir le crime de guerre.

I. L'existence d'un conflit armé interne ou international

Les crimes de guerre sont des violations graves des *Conventions de Genève*. Ces conventions sont un ensemble de règles applicables dans les conflits armés[167]. Il s'agit d'un ensemble de règles qui en temps de conflit armé visent, d'une part, à protéger les personnes qui ne participent pas ou ne participent plus aux hostilités, et d'autre part, à limiter les méthodes et moyens de faire la guerre[168].

Dans l'affaire *Bavi-Ghety*, la défense du principal prévenu a plaidé le rejet de la qualification de crime de guerre, en soutenant que « *l'article 29 du code judiciaire militaire veut que le temps de guerre ne commence qu'au jour fixé par le Président de la République pour la mobilisation des forces armées, condition non réalisée en*

[167] SASSOLI Marco, BOUVIER Antoine, GARCIA Juliane, *Un droit dans la guerre*, CICR, Volume I.
[168] *Ibid.*

l'espèce »[169]. Le juge militaire a répondu que « *ces dispositions ont été adoptées comme circonstances aggravantes de certaines infractions* », mais n'ont « *aucun rapport avec l'infraction crime de guerre qui n'exige simplement que l'existence d'un conflit armé pour qu'un acte soit qualifié de crime de guerre* »[170]. Pour établir l'existence de ce conflit armé, le juge militaire relève qu'« *en l'espèce, il ressort de l'instruction que pendant la période du [...], au [...], les Forces Armées de la République démocratique du Congo sont en conflit armé avec une milice armée commandée par le dénommé COBRA MATATA* »[171] et que « *le bataillon auquel appartiennent tous les prévenus était en hostilités avec le groupe armé commandé par le sieur COBRA [...]* »[172].

Le juge militaire distingue le conflit armé international (CAI) et non international (CANI)[173]. Le juge militaire

---

[169] TMG de l'Ituri, 28 juillet 2007, Affaire *Bavi-Ghety, op.cit.*, p.37.

[170] *Ibid.*, p.37-38.

[171] *Ibid.*, p.138.

[172] *Ibid.*, p.41.

[173] Les CAI concernent une guerre entre au moins deux États, une situation d'occupation et guerre de libération nationale. Cette situation est régie par les conventions de Genève, de La Haye et le protocole additionnel I. La RDC a signé et ratifié en 1961 les Conventions de Genève et en 1982 le 1er Protocole. On qualifie aussi de CAI la situation où un État finance et équipe un groupe armé en conflit avec un autre État. C'est le critère du « contrôle global » établi dans l'*affaire Tadic* par le TPIY. Ce critère permet de requalifier la situation de conflit armé international. Ainsi, l'intervention, le financement des pays limitrophes que sont le Rwanda et l'Ouganda dans différents groupes armés congolais, permet de qualifier certaines situations de conflit armé international en RDC. Les CANI concernent un conflit entre un État et un groupe armé non étatique ou entre plusieurs groupes armés. Cette situation est régie par l'article 3 commun aux conventions de Genève et le Protocole additionnel II. La RDC a ratifié tardivement le protocole II en 2002. La coutume joue un rôle fondamental en DIH, essentiellement pour les CANI. En effet, la protection offerte aux personnes en CANI est améliorée par la coutume. Selon le TPIY, il y

donne sa définition du CAI et CANI. Il affirme que *« par conflit armé international, il faut entendre aux yeux de la doctrine un conflit qui oppose les forces armées d'au moins deux États ; par contre un conflit armé est non international lorsque ce conflit oppose sur le territoire d'un État, les forces armées régulières à des groupes armés identifiables, ou des groupes armés entre eux »*[174].

Dans les affaires analysées, on observe une certaine réticence du juge militaire à qualifier l'existence de conflits armés pour établir le crime de guerre. Le juge militaire se contente d'incrimination moins importante dans plusieurs affaires présentant des contextes de crimes de guerre. C'est le cas de l'affaire *Mitwaba*[175]. Dans cette affaire, une contre-attaque est organisée par le 632e bataillon FARDC basé dans la localité de Konga, toujours dans la province du Katanga. Ce bataillon a été attaqué par surprise le 17 mars 2005, par des insurgés Maï-Maï causant ainsi la perte de 120 militaires du 632e bataillon, tués et/ou mutilés. Pendant la contre-attaque organisée par ce 632e bataillon pour

---

a un CANI dès qu'un *conflit armé prolongé entre les autorités gouvernementales et des groupes armés organisés ou entre de tels groupes se déroule au sein d'un État*. La violence armée doit être d'une intensité suffisante et les parties doivent être suffisamment organisées. Concernant le groupe armé, la jurisprudence du TPIY, dans l'*affaire, Tadic* de 1995 a développé le critère d'intensité et d'organisation, applicable à l'article 3 commun. Plus récemment, l'*affaire Boskoski* de 2008 établit des critères non cumulatifs sur l'organisation des groupes armés (l'existence d'une structure de commandement; la capacité de mener des opérations organisées; la logistique du groupe armé, c'est un groupe en mesure de se ravitailler; le niveau de discipline à l'intérieur du groupe; capacité du groupe à parler d'une seule voix) et l'intensité (armes distribuées ;les techniques utilisées grâce à ces armes; les résultats produisent par ces armes et ces techniques, l'ampleur des destructions, le nombre de morts et les déplacements massifs de populations).

174 TMG Bukavu, 15 octobre 2012, Affaire *Mupoke, op.cit.*

175 CM Katanga, 25 avril 2007, Affaire *Mitwaba, op.cit.*

récupérer la localité perdue, les Maï-Maï vont s'infiltrer dans la population civile qui fuyait les affrontements. Lorsque le 632e bataillon avait repris le contrôle de la localité Konga, les commandants du bataillon commencèrent une chasse à l'homme qui se solda par l'arrestation de 95 personnes, dont des femmes et des enfants, soupçonnés d'être des Maï-Maï. Ces personnes seront soumises à des conditions carcérales inhumaines qui vont entrainer la mort de 17 d'entre elles. Les prévenus seront d'abord poursuivis pour avoir *« garder à la prison les victimes et les avoir privées du droit d'être ravitaillées par les membres de leur famille »*[176], fait prévu et puni par le CPM. Au cours du procès, l'accusation et les parties civiles solliciteront la qualification des faits en tant que crimes de guerre[177]. Mais les juges vont écarter cette incrimination en se contentant d'affirmer tout simplement que *« le crime de guerre proposée (...) ne cadre pas avec les faits mis à charge des prévenus »*[178]. Ils vont alors qualifier les faits en *« non-assistance à personne en danger »*. Les arguments avancés par le juge militaire pour écarter les crimes de guerre ne sont pas pertinents. Il affirme que *« les pièces du dossier et l'instruction à l'audience démontrèrent que parmi les 95 Maï-Maï, il y eut de purs civils composés surtout de femmes et d'enfants, qui n'étaient pas Maï-Maï [...] La Cour remarqua que le crime de guerre et le crime contre l'humanité proposée respectivement par les parties civiles et par le ministère public [...] ne cadrent pas avec les faits mis à charge des prévenus [...] elle requalifie les faits en non-assistance à personnes en danger »*[179]. Les faits ne laissent pourtant aucun doute sur la commission de crime guerre dedans le

---

176 *Ibid.*
177 *Ibid.*
178 *Ibid.*
179 *Ibid.*

cadre d'un conflit armé non international entre l'armée régulière FARDC et une faction armée (Maï-Maï). Par ailleurs, les combats ont une certaine intensité et s'inscrivent dans le prolongement d'affrontements plus anciens, et témoignent d'un degré d'organisation assez important. Ils ne peuvent donc pas être considérés comme un simple soulèvement ou comme des troubles internes. L'implication du CICR pour demander la libération des prisonniers laisse pareillement penser que les personnes arrêtées étaient bien des prisonniers de guerre ou des internés civils, privés de liberté dans le cadre d'un conflit armé. Dans ce contexte, plusieurs crimes de guerre au moins auraient dû être poursuivis, notamment pour atteintes à la vie et à l'intégrité corporelle.

La qualification même des conflits en RDC est une question souvent oubliée par les juges militaires. Le juge militaire a donc souvent ignoré l'existence d'un conflit armé, voire écarté la qualification de crime de guerre pour des motifs qui semblent erronés, comme dans l'affaire *Mitwaba*.

II. Les personnes protégées

Le crime contre une victime bénéficiant d'une protection en vertu des *Conventions de Genève* est un élément constitutif du crime de guerre. Dans le cadre du droit international humanitaire, les personnes protégées sont celles auxquelles s'applique un régime de protection. Les personnes protégées sont celles auxquelles le droit international conventionnel et coutumier assure une protection, notamment les personnes mises hors de combats, les prisonniers de guerre et lesdits civils. Les termes « personne civile » et « population civile » sont définis de manière négative à l'article 50 du premier *Protocole additionnel aux Conventions de Genève*. Cet article dispose : *« Est considérée comme civile toute personne n'appartenant pas à l'une des catégories visées à l'article 4 A, 1), 2), 3), et 6) de la IIIe Convention et à l'article 43 du présent Protocole. En cas de doute, ladite personne sera considérée comme civile. 2. La population civile comprend toutes les personnes civiles. 3. La présence au sein de la population civile de personnes isolées ne répondant pas à la définition de personne civile ne prive pas cette population de sa qualité »*[180]. Concernant le degré de connaissance du statut de protection que doit avoir l'auteur des actes criminels, il n'est pas nécessaire d'établir qu'il ait déterminé sur le plan juridique la protection dont bénéficiait la victime ou le bien attaqué. La connaissance de circonstances de fait établissant la protection est suffisante. Des jugements vont être analysés ici et vont révéler des erreurs du juge militaire dans son interprétation faite sur les personnes protégées : *« Les tribunaux ne consacrent pas le principe selon lequel dans le doute, la personne sera considérée comme civile ; même dans l'hypothèse où l'on a affaire à un combattant, ou plus exactement une personne civile capturée au moment où elle posait un « acte de participation directe aux hostilités », cette personne doit tout au moins bénéficier du statut de prisonnier de guerre, et qu'à ce titre, il est interdit de lui infliger de mauvais traitements et encore moins de l'exécuter sommairement »*[181].

Dans certaines affaires l'affiliation et l'adhésion des civils à un groupe armé mettent fin à la protection des civils. Dans l'affaire *Kilwa*[182], le juge militaire a douté du statut de civil d'une personne, en raison du fait que la victime a été

---

[180] CICR, *Protocole additionnel aux Conventions de Genève du 12 août 1949 relatif à la protection des victimes des conflits armés internationaux*, 8 juin 1977, art.50.

[181] BAKAMO BOPE Eugène, *La justice congolaise face aux crimes internationaux commis en RDC, Logiques juridiques*, Afrique des Grandes Lacs, L'Harmattan, 2014, p.190.

[182] CM Katanga, Affaire *Kilwa*, RP 010/2006, 28 juin 2007.

trouvée avec des uniformes militaires. Dans une autre situation, le juge militaire a douté du statut de victime seulement parce que la personne n'avait pas fui la localité de Kilwa après que les FARDC ont ordonné à la population de quitter les lieux pour qu'elle se livre à une bataille contre le groupe armé. Le plus surprenant est lorsque le Tribunal doute du statut de civil d'une personne uniquement parce qu'elle aurait bu au point de s'enivrer pendant les affrontements armés. Le Tribunal va ainsi affirmer que *« personne ne prend sa boisson alcoolique au milieu des affrontements armés »*[183]. Le juge déroge au principe selon lequel en cas de doute, la personne sera considérée comme civile.

L'article 4 du II protocole additionnel dispose que : *« Le présent Titre, dont les dispositions ont pour but d'améliorer le sort des blessés, malades et naufragés, s'applique à tous ceux qui sont affectés par une situation visée à l'article premier, sans aucune distinction défavorable fondée sur la race, la couleur, le sexe, la langue, la religion ou la croyance, les opinions politiques ou autres, l'origine nationale ou sociale, la fortune, la naissance ou une autre situation ou tout autre critère analogue »*. Dans l'affaire *Kilwa,* la population a accueilli et a adhéré au mouvement politico-militaire du groupe armé[184]. De ce fait le statut de personnes protégées des civils est remis en cause par le juge militaire, contrairement aux dispositions du deuxième protocole additionnel aux *Conventions de Genève*. Il affirme que *« la population civile avait [accueilli le commandant Alain KAZADI MUKALAY qui dirigeait le MRLK], en libérateur »* que cette population civile *« l'adopta et adhéra à son mouvement »* politico-militaire. C'est sur cette base que le juge militaire rejette facilement les plaintes des victimes. Il part d'une présomption

---

[183] *Ibid.*

[184] *Ibid.*

défavorable aux victimes, selon laquelle ces personnes ont adhéré au mouvement des insurgés et donc elles perdent le statut de personne protégée. Le message que ce jugement risque ainsi d'émettre c'est que face à une population civile affiliée à l'ennemi, ou qui sympathise avec l'ennemi, les mauvais traitements sont permis.

Paragraphe II. Les éléments psychologiques des violences sexuelles constitutives du crime de guerre

Pour établir l'élément psychologique, le juge militaire apprécie le lien entre le comportement criminel et le conflit armé (I.) et la connaissance de l'existence d'un conflit armé (II.).

I. Lien entre le comportement criminel et le conflit armé

Citant la jurisprudence du TPIR, le juge militaire concède qu'il doit exister un lien entre le comportement criminel et le conflit armé, mais que ce lien n'implique pas forcément que l'infraction ait été commise à l'endroit où se déroulent les hostilités. La personne commettant les violences sexuelles doit avoir connaissance de l'existence d'un conflit armé auquel son acte participe. Il doit aussi avoir connaissance de la protection dont bénéficie la victime. Il s'agit là d'un élément moral double, qui sera présumé dans bien des cas puisque l'existence du conflit armé serait bien connue, notamment par les FARDC et les groupes armés.

II. Connaissance de l'existence d'un conflit armé

Les *Éléments des crimes* requièrent que l'auteur ait eu « *connaissance des circonstances de fait établissant l'existence d'un conflit armé* »[185], sans qu'il soit nécessaire d'établir que l'auteur ait déterminé sur le plan juridique l'existence d'un conflit armé ou le caractère international ou non international du conflit[186]. L'on peut maintenant se poser la question de savoir comment la justice militaire congolaise a tenu compte de cet élément constitutif.

Dans l'affaire *Bongi*[187], le TMG avait retenu que « *le capitaine Blaise BONGI MASSABA [...], en qualifiant les élèves amenés devant lui de PRISONNIERS de guerre, avait connaissance de l'existence d'un conflit armé* »[188]. En appel, la Cour militaire a précisé que « *le prévenu Blaise Bongi Massaba savait que son unité était engagée dans l'offensive déclenchée pour démanteler les poches de résistance des miliciens [...] le prévenu ne pouvait ignorer l'existence des hostilités dans le secteur où son unité était déployée* »[189]. Dans le jugement *Kahwa*[190], le tribunal relève que le prévenu avait connaissance des circonstances de fait établissant l'existence d'un conflit armé, « *à tel enseigne qu'il s'est organisé en commandant les armées de l'Ouganda et du Rwanda [...] pour combattre les ennemis*

---

[185] À cet égard, l'introduction de l'article 8 des *Éléments des crimes* apporte les précisions suivantes : *« a) il n'est pas nécessaire d'établir que l'auteur a déterminé sur le plan juridique l'existence d'un conflit armé ou le caractère international ou non international du conflit ; b) à cet égard, il n'est pas nécessaire d'établir que l'auteur a eu connaissance des faits établissant le caractère international ou non international du conflit ; c) il faut seulement que l'auteur ait eu la connaissance des circonstances de fait établissant l'existence d'un conflit armé, qui est implicite dans les termes « a eu lieu dans le contexte de et était associé ».*

[186] CPI, *Élément des crimes*, *op.cit.*, voir l'introduction concernant l'article 8 et le point 5 de l'Article 8.2.a) i).

[187] CM Kisangani, 4 novembre 2006, Affaire *Bongi*, *op.cit.*

[188] *Ibid.*, p.19.

[189] *Ibid.*, p.23.

[190] TMG Ituri, 2 août 2006, Affaire *Kahwa*, *op.cit.*

qui menaceraient sa communauté HEMA de génocide »[191]. Dans l'affaire *Bavi-Ghety*, les juges ont rattaché la connaissance des circonstances de fait établissant l'existence d'un conflit armé à l'existence d'un ordre écrit[192]. Dans l'affaire *Milobs*, le juge militaire s'appuie sur le fait que le véhicule des victimes « *portait la mention visible MONUC (Mission des Nations Unies en RDC) et est de couleur blanche* »[193]. Cet indice a permis au juge militaire de conclure à la connaissance de l'existence d'un conflit armé par les auteurs.

Enfin, tant dans l'affaire *Mitwaba* que dans celle de *Kilwa*, l'ampleur des combats et la qualité d'officier de certains des prévenus laissaient peu de doute sur le fait que les auteurs avaient connaissance de l'existence d'un conflit armé. Cependant, la qualification de crime de guerre n'a malheureusement pas été retenue dans ces deux affaires. Le juge militaire a écarté le crime de guerre proposé par le ministère public en vertu de l'article 8 du *Statut de Rome* pour retenir, soit une autre qualification, comme la non-assistance à personnes en danger, ou en ancrant le raisonnement dans le droit interne pour constater l'inexistence d'une déclaration de guerre émanant du président de la République. Les conséquences d'un tel choix peuvent parfois donner lieu à un déni de justice.

Une fois les faits qualifiés de violences sexuelles constitutives de crimes contre l'humanité ou crime de guerre, le juge militaire procède à la détermination de la responsabilité pénale de ces crimes.

---

191 *Ibid.*, p.28-29.

192 TMG de l'Ituri, 28 juillet 2007, Affaire *Bavi-Ghety, op.cit.*, p.25 et 41.

193 TMG de l'Ituri, 19 février 2007, Affaire *Milobs, op.cit.*, p.14.

PARTIE II. L'ÉTABLISSEMENT DE LA RESPONSABILITÉ PÉNALE ET CIVILE EN MATIÈRE DE VIOLENCES SEXUELLES

Le caractère collectif des crimes internationaux n'exempte pas l'obligation d'identifier les responsabilités individuelles, malgré les difficultés d'individualisation rencontrées par le juge militaire, du fait de la commission des violences sexuelles en groupe. Le juge militaire essaye de faire ressortir de ces crimes collectifs les responsabilités individuelles des personnes impliquées. Il identifie les différents auteurs des crimes et les complices, puis il procède à l'évaluation de la gravité de l'implication des auteurs et complices dans la commission du crime, notamment par rapport à la position du prévenu, tels que le chef militaire ou le supérieur hiérarchique. Concernant la responsabilité du chef militaire et supérieur hiérarchique, elle fait l'objet d'une application partielle par le juge militaire, dans le sens où les hauts gradés FARDC sont peu poursuivis comparativement aux plaintes déposées à leurs noms.

À la différence des instances pénales internationales, le juge militaire a également la compétence pour mettre en œuvre la responsabilité de l'État congolais. En effet, l'une des caractéristiques propres au juge militaire congolais est sa compétence pour connaitre les actions civiles des victimes. Il peut établir à la fois la responsabilité administrative et civile de l'État congolais. La jurisprudence congolaise rendue en matière civile se fonde sur le fait que l'État congolais est le commettant, puisqu'employeur des personnes condamnées (par exemple les FARDC, Agents de police) à travers son administration et ses institutions publiques. En matière administrative, la responsabilité se fonde sur la faute du service public, en l'occurrence ici celui des FARDC et des agents de police.

Il sied d'analyser l'établissement des responsabilités pénales individuelles devant les juridictions militaires (Chapitre I.) et la mise en œuvre de la responsabilité administrative et civile de l'État congolais (Chapitre II.).

CHAPITRE I. L'ÉTABLISSEMENT DIFFICILE DES RESPONSABILITÉS PÉNALES INDIVIDUELLES

Le juge militaire a recours, à l'article 25 du *Statut de Rome*[194], ainsi qu'aux 5 et 6 du CPM[195] pour établir les modes de participation au crime. Le contexte des crimes internationaux dans lequel se produit le crime ne permet pas souvent au juge militaire d'identifier tous les auteurs et les complices. En effet, le contexte des crimes internationaux dans lequel se déroulent les violences sexuelles est défavorable à l'identification des auteurs matériel, moral, mais aussi des complices et des co-auteurs. Le juge militaire rencontre donc des difficultés d'individualisation de la responsabilité pénale.

Face à cette difficulté, les affaires présentent deux perspectives adoptées par le juge militaire. La première consiste en l'application de la théorie de la « criminalité d'emprunt »[196], développée par les TPI. Il s'agit d'un

---

[194] CPI, *Statut de Rome*, *op.cit.*, art.25.

[195] Loi N°024-2002 du 18 novembre 2002 portant Code pénal militaire ,*op.cit.*, art.5 : *« Sont considérés comme auteurs d'une infraction : ceux qui l'auront exécutée ou qui auront coopéré directement à son exécution ; ceux qui, par un fait quelconque, auront prêté pour l'exécution une aide telle que sans leur assistance, l'infraction n'eût pu être commise ; ceux qui, par offres, dons, promesses, menaces, abus d'autorité ou de pouvoir, machinations ou artifices coupables, auront directement provoqué cette infraction ;ceux qui, soit par des discours tenus dans des réunions ou dans des lieux publics, soit par des placards affichés, soit par des écrits, imprimés ou non et vendus ou distribués, soit par des dessins ou des emblèmes, auront provoqué directement à la commettre, sans préjudice des peines qui pourraient être portées par des décrets ou arrêtés contre les auteurs de provocations à des infractions, même dans le cas où ces provocations ne seraient pas suivies d'effet ».*

[196] CM Bukavu, 20 mai 2013, Affaire *Mupoke*, *op.cit.*, *« Le Tribunal relève que le prévenu KABALA MANDUMBA, et ses co-prévenus en fuite seront tenus pénalement responsables de ses actes sexuels, ce en vertu du principe d'emprunt de criminalité reconnu en droit pénal*

mécanisme où l'acte de l'accusé emprunte sa criminalité au fait délictueux de l'auteur principal. L'affaire W*aka Lifumba* constitue un exemple emblématique. Dans cette affaire, le juge militaire retient la responsabilité de tous les membres d'un groupe accusé de viol constitutif de crime contre l'humanité en vertu de la responsabilité de l'auteur principal du crime, soit les commandants Patrick Ikongo et Botulikofo[197]. La deuxième perspective consiste pour le juge militaire à ignorer la forme de participation au crime dans ces affaires. En effet, dans plusieurs affaires, la forme de participation au crime n'est pas évoquée.

La responsabilité du chef militaire ou du supérieur hiérarchique est presque absente pour les hauts gradés FARDC. Car, d'une part, leur poursuite relève d'une procédure complexe et, d'autre part, le juge militaire manque de volonté à les poursuivre.

Il convient d'analyser l'identification des responsabilités pénales individuelles (Section I.) et à l'intérieur de ces responsabilités d'analyser la mise en œuvre de la responsabilité du chef militaire et supérieur hiérarchique (Section II.).

Section I. L'identification des responsabilités pénales individuelles

L'identification des responsabilités pénales individuelles implique pour le juge militaire de distinguer la commission personnelle et conjointe (Paragraphe I), puis d'analyser les motifs d'exonérations (Paragraphe II.) dont les prévenus peuvent bénéficier.

---

congolais du reste une exception au principe de l'individualité de la responsabilité pénale qui domine de droit pénal congolais. D'où cet élément ne fait ombre d'aucun doute dans le chef de tous les prévenus mis en cause ».

[197] TMG Mbandaka, 18 février 2007, Affaire *Waka Lifumba*, *op.cit.*

Paragraphe I. La commission personnelle et conjointe

La commission personnelle de l'infraction repose sur l'auteur moral et matériel, et la commission conjointe repose sur la coaction (I.). Le juge militaire a aussi recours à la théorie de la criminalité d'emprunt pour poursuivre les complices du crime (II).

I. L'auteur moral, matériel et le co-auteur

L'auteur est, selon le CPM, un auteur moral ou matériel et un co-auteur. L'auteur matériel est celui qui a accompli personnellement les actes matériels constitutifs de l'infraction. Dans l'affaire *Kakado, « les auteurs matériels sont formellement identifiés comme étant les combattants Ngiti de la milice FRPI »*[198]. En l'espèce, ce sont les combattants qui ont réalisé les éléments matériels des violences sexuelles constitutives de crimes de guerre. Ces combattants ont exécuté les ordres de leur chef spirituel, Bernard Kakado[199].

L'auteur moral est celui qui établit et encourage la commission du crime. C'est par exemple le cas des « chefs spirituels » comme Gédéon[200] (à la tête du groupe Maï-Maï ayant pris le contrôle d'une partie du Katanga entre 2003 et 2006), Bernard Kakado vu précédemment[201] ou d'un commandant comme le colonel Thom's[202]. L'auteur moral est donc généralement celui qui a donné l'ordre de commettre le crime sans que lui-même le commette matériellement. En pratique, celui qui ordonne est très souvent une personne qui occupe une place d'autorité par

---

[198] TMG Bunia, 9 juillet 2010, Affaire *Kakado, op.cit.*

[199] *Ibid.*

[200] CM Katanga, 16 décembre 2010, Affaire *Gédéon, op.cit.*

[201] TMG Bunia, 9 juillet 2010, Affaire *Kakado, op.cit.*

[202] TMG Kisangani, Affaire *Colonel Thom's*, 3 juin 2009, RMP N°944/MBM/09, RP N°167/09.

rapport à celui qui exécute. Cet auteur se rapproche de la responsabilité du supérieur hiérarchique du *Statut de Rome*.

La commission conjointe aussi appelée coaction est une caractéristique de la criminalité de groupe, où les membres du groupe apportent une contribution essentielle à la réalisation du crime résultant du plan commun convenu entre eux. Si plusieurs personnes concourent à la commission d'un crime de droit international (conjointement avec une autre personne), chacune d'entre elles est individuellement auteur du crime[203]. Le juge militaire congolais retient l'approche subjective de la coaction développée par le TPIY[204], à travers la notion d'entreprise criminelle commune qui consiste dans la contribution à la commission ou à la tentative de commission d'un crime par un groupe de personnes agissant de concert, dans le but de faciliter l'attaque criminelle du groupe ou en pleine connaissance de dessein criminel[205]. Pour le juge militaire, il y a coaction dès lors que *« les prévenus ont réalisé leur forfait par concert de volontés »*[206]. Par exemple, dans l'affaire *Maniraguha*, deux prévenus (Maniraguha et Sibomana Kabanda) à la tête d'un groupe armé de cent trente hommes ont attaqué deux villages entre juin/juillet 2006 et janvier 2007. De

---

[203] WERLE Gerhard, BURGHARDT Boris, « Les formes de participation en droit international pénal », *Revue de science criminelle et de droit pénal comparé*, Volume N° 1, 2012, p.47-67.

[204] TMG Bukavu, 16 août 2011, Affaire *Maniraguha*, *op.cit.*, *« l'approche subjective qui a été retenue par la jurisprudence militaire et reprise du TPIY à travers la notion d'entreprise criminelle commune ou la théorie du but commun écarte l'importance de la contribution à la commission de l'infraction en tant que critère permettant de distinguer les auteurs principaux et les complices, pour mettre l'accent sur l'état d'esprit dans lequel la contribution du crime a été apportée »*. Pour le juge militaire, il y a coaction dès lors que *« les prévenus ont réalisé leur forfait par concert de volontés »*.

[205] TPIY, arrêt du 15 juill 1999 (*Tadic*, Chambre d'appel), para.185.

[206] *Ibid.*

nombreuses exactions ont été commises, notamment des violences sexuelles. En l'espèce, le prévenu Sibomana Kabanda dans le cadre de l'attaque généralisée contre la population civile, a enlevé et amené dans la forêt plusieurs personnes, dont cinq filles mineures et dix femmes. Le prévenu accompagné d'autres membres du groupe les a maltraitées et violées[207]. Le juge militaire affirme que *« le prévenu Sibomana Kabanda a joué un rôle très important dans le groupe, un rôle sans lequel le groupe allait éprouver des difficultés majeures pour opérer ou attaquer avec la même facilité, rapidité ou sécurité qu'il le faisait »*[208]. *« Il vient que la contribution de Sibomana Kabanda était intentionnelle visant à faciliter l'activité*

[207] *Ibid.*, *« En l'occurrence, avoir, dans les mêmes circonstances de lieu et de temps que ci-dessus, par exécution matérielle de l'infraction, à l'occasion d'une attaque généralisée ou systématique, enlevés et amené dans la forêt plusieurs personnes dont (...) (à HUNGU), cinq filles dont (...) (à KALONGE), dix femmes dont (...) (à RWAMIKUNDU), plusieurs personnes dont Innocent SHAMAVU et M'CHINGOMBE FURAHA (à KASHESHE) ; plusieurs personnes dont les dames (...) (à HUNGU, à KAFUNDA, à TCHEYA, à KAREGA). [...] En l'occurrence, avoir aux villages KAFUNA, HUNGU, BUNYAKIRI, KALANGI, CHEA, et dans plusieurs autres villages dans le secteur de BUNYAKIRI d'une part, et aux villages TULUMAMBA, KALONGE, KALEGA, MIHINGA et plusieurs autres villages dans le secteur de KALONGE, territoire de KALEHE, province du Sud-Kivu, en République démocratique du Congo, au courant de la période allant de juin/juillet 2006 au janvier 2007, à l'occasion d'une attaque généralisée, maltraité, tabassé, ligoté, ceinturé plusieurs personnes notamment : (...) V11, et déversé des braises à feu sur V16, broyé les parties génitales du sieur (...), fouetté et laissé à nu le sieur (...) devant ses enfants ; mais aussi violé de manière particulièrement inhumaine soit en les ligotant soit pendant la période de menstruation soit pendant plusieurs semaines et ce, nuit et jour notamment : V24, V26, V28 avec cette circonstance que tous ces faits ont été commis à l'aide des armes de guerre et/ou à l'aide des machettes ».*

[208] *Ibid.*

criminelle du groupe en ce sens qu'il était notamment, gardien de tous les butins y compris les femmes enlevées, ceci rassurait le groupe à opérer paisiblement, car leurs butins étaient dans de bonnes mains »[209]. Le juge militaire affirme qu'*« adoptant cette approche subjective, le Tribunal considère que le prévenu Sibomana Kabanda doit, sans l'ombre d'aucun doute, être considéré comme coauteur des actes répréhensibles qui ont été perpétrés vers fin 2006 à BUNYAKIRI et ses alentours dans la mesure où chaque acte par lui posé constituait une contribution importante à la réalisation de crimes contre l'humanité et de surcroît, il a agi de concert avec le groupe »*[210]. Le tribunal le poursuit donc comme coauteur.

La CPI a développé un autre mode de participation à savoir la commission indirecte. La commission indirecte implique que l'auteur mandate une autre personne comme instrument pour la commission d'un crime international. Dans ce cas, l'auteur commet le crime par l'intermédiaire d'une autre personne, ce qui justifie sa responsabilité pénale au sens de l'article 25 (3) al. a) du *Statut de Rome*. On le considère alors comme un auteur indirect du crime[211]. Dans sa jurisprudence le juge militaire n'a pas eu recours à la commission indirecte.

II. La théorie de la criminalité d'emprunt

Le juge militaire fait appel à la théorie de la criminalité d'emprunt pour établir la complicité de la personne aux crimes.

---

[209] *Ibid.*

[210] *Ibid.*

[211] CPI, 27 janvier 2007, *Lubanga*, Chambre préliminaire, para.332.

C'est le cas, par exemple, dans les affaires *des Mutins de Mbandaka*[212] et *Waka Lifumba*[213]. La première affaire se passe en juin 2005, à la fin de la transition en RDC. À la suite de la découverte du cadavre d'un sous-lieutenant appartenant au contingent du MLC (Mouvement de Libération du Congo), ses compagnons s'étaient mutinés pour se venger de sa mort. Entre le 3 et le 5 juillet, ils ont cassé le magasin d'armes et se sont déversés dans les rues de la ville, pillant tout sur leur passage, tuant 6 personnes et violentant 46 autres, avant d'être neutralisés par des locaux. Dans cette affaire, le juge militaire atteste que « *dans la difficulté d'identifier spécifiquement les auteurs des actes [...], tous les membres de la bande seront tenus pénalement responsables pour les actes conséquences et ce en vertu du principe d'emprunt de criminalité qui est du reste, une exception au principe de l'individualisation* »[214]. Le juge militaire utilise l'expression l'« emprunt de criminalité » pour signifier que le prévenu emprunte sa propre criminalité à celle de l'auteur principal, de telle sorte que l'auteur et le complice sont « liés dans l'infraction ».

Dans l'affaire *Waka Lifumba*, le juge militaire confirme l'argumentation faite dans *Des Mutins de Mbandaka* sur le recours à la criminalité d'emprunt. En l'espèce, dans la nuit du 19 au 20 février 2007, une équipe de 12 policiers fait irruption dans la localité de Likundju. Ces policiers ont arrêté et torturé des habitants de ces villages. Ils ont pillé leurs biens et violé les filles et les femmes. La nuit du 21 au 22 février 2006, les policiers étendent leurs opérations à la localité voisine, procédant aux mêmes infractions. Dans son argumentation le juge militaire souligne d'abord les

---

[212] TMG Mbandaka, 20 juin 2006, Affaire *Des Mutins de Mbandaka, op.cit.*

[213] TMG Mbandaka, 18 février 2007, Affaire *Waka Lifumba, op.cit.*

[214] TMG Mbandaka, 20 juin 2006, Affaire *Des Muttins de Mbandaka, op.cit,* p.20.

difficultés d'individualisation de la responsabilité des 12 policiers. De plus, dans cette affaire, les victimes n'ont pas pu identifier les prévenus, car leur visage était masqué. Sans identification des prévenus par les victimes, le juge applique la théorie de la criminalité d'emprunt pour établir la responsabilité des 12 policiers. À cet effet, le tribunal énonce que *« dans la difficulté d'identifier spécifiquement les auteurs des actes conséquences dont les meurtres et les viols, parce que les insurgés s'étaient camouflés en brisant la forme de leurs visages par des cagoules et des feuilles des plantes enroulées sur la tête, tous les membres de la bande seront tenus pénalement responsables pour les actes et ce en vertu du principe d'emprunt de criminalité »*[215]. Au cours du procès, le juge s'interroge sur un prévenu, Baende Longilima. Ce prévenu était présent au moment des faits sans commettre les exactions. Sur son cas le juge militaire statut de la sorte *« qu'en l'espèce, même si le prévenu BAENDE LONGILIMA n'avait pas ordonné à commettre ou fournir les moyens à la pénétration du crime, néanmoins, il avait encouragé, aidé, concouru, à la commission de l'acte déploré, par le fait de son rôle prépondérant joué dans cette bande des hors la loi, se reconnaissant gardien des victimes de tortures nonobstant le rôle sus évoqué, mais le fait pour lui de faire partie de la bande le rend coupable »*[216]. Le fait d'être présent au moment des faits et d'avoir un « rôle prépondérant » au sein du groupe ayant commis des infractions, peut engager la responsabilité pénale individuelle d'une personne.

En outre, la théorie de la criminalité d'emprunt permet au juge militaire d'établir une responsabilité empruntée aux auteurs principaux (matériel et moral). Cette pratique du

---

[215] TMG Mbandaka, 18 février 2007, Affaire *Waka Lifumba*, *op.cit.* ; Haute cour militaire, 30 octobre 2008, Affaire *Lemera*, RP N°132 / RMP N° 0933/KMC/10.

[216] *Ibid.*

juge militaire se justifie au regard du contexte des crimes de masse qu'il connaît.

Paragraphe II. Les motifs d'exonération de la responsabilité pénale individuelle

Le droit pénal militaire congolais classe les motifs d'exonération de la responsabilité pénale en deux grandes catégories. La première étant les causes de justification (I.) et la deuxième étant les causes de non-imputabilité (II.). Les causes de justification sont des causes légales ou jurisprudentielles neutralisant l'élément légal de l'infraction. Elles affectent l'existence même de l'infraction. Les causes de non-imputabilité sont des causes laissant subsister l'infraction, mais effaçant la culpabilité de l'agent.

I. Les faits justificatifs

Le TMG de Mbandaka a procédé à une analyse des faits justificatifs dans l'affaire *Songo Mboyo*[217]. Parmi les faits justificatifs, la défense évoque la légitime défense, le commandement de l'autorité légitime, et l'état de nécessité. Dans le jugement *Songo Mboyo* et de manière générale dans la pratique du juge militaire, il n'en accorde pratiquement aucun.

Le juge militaire affirme, sur la légitime défense, qu'elle : « *ne peut être retenue que dans la mesure où elle est proportionnelle à l'attaque dont l'agent a été victime. Dans le cas sous examen, les prévenus ne peuvent justifier leur comportement à défaut pour eux de rapporter la preuve de l'attaque dont ils ont été victimes de la part de la population* »[218]. Concernant le commandement de l'autorité légitime, il affirme que : « *les prévenus ont agi de leur*

---

[217] TMG Mbandaka, 7 juin 2006, Affaire *Songo Mboyo*, *op.cit.*
[218] *Ibid.*

propre gré sans ordre d'une autorité quelconque qui, le cas échéant, pouvait voir sa responsabilité pénale engagée du fait du caractère manifestement illégal entaché à pareil ordre »[219]. Enfin, concernant l'état de nécessité, le juge militaire rétorque que : « *le retard enregistré dans la paie de solde, motif de l'insurrection des militaires, ne peut constituer une situation de péril imminent pouvant justifier les infractions »*[220].

II. Les causes de non-imputabilité

Concernant les causes de non-imputabilité, le juge militaire relève la démence, la contrainte, la minorité et le seuil d'âge, et l'erreur de droit. L'article 31 du *Statut de Rome* est souvent invoqué dans plusieurs des affaires analysées dans le cadre de cette recherche, notamment par la défense et ce pour des motifs sans rapport avec la définition du *Statut de Rome*[221]. Dans le cas de l'affaire

---

[219] *Ibid.*

[220] *Ibid.*

[221] CPI, *Statut de Rome, op.cit.*, art.31 *« Outre les autres motifs d'exonération de la responsabilité pénale prévus par le présent Statut, une personne n'est pas responsable pénalement si, au moment du comportement en cause : a) Elle souffrait d'une maladie ou d'une déficience mentale qui la privait de la faculté de comprendre le caractère délictueux ou la nature de son comportement, ou de maîtriser celui-ci pour le conformer aux exigences de la loi ;b) Elle était dans un état d'intoxication qui la privait de la faculté de comprendre le caractère délictueux ou la nature de son comportement, ou de maîtriser celui-ci pour le conformer aux exigences de la loi, à moins qu'elle ne se soit volontairement intoxiquée dans des circonstances telles qu'elle savait que, du fait de son intoxication, elle risquait d'adopter un comportement constituant un crime relevant de la compétence de la Cour, ou qu'elle n'ait tenu aucun compte de ce risque ; c) Elle a agi raisonnablement pour se défendre, pour défendre autrui ou, dans le cas des crimes de guerre, pour défendre des biens essentiels à sa survie ou à celle d'autrui ou essentiels à l'accomplissement d'une mission militaire, contre un recours imminent et illicite à la force, d'une manière proportionnée à l'ampleur du danger qu'elle courait ou que*

Bongi, la défense a invoqué l'exonération de responsabilité pénale sur le fondement de l'état d'ivresse dans lequel se trouvait le principal prévenu au moment des faits : « *le prévenu avait bu et avait enivré les militaires chargés par lui de l'exécution des élèves* »[222]. Le juge militaire a judicieusement conclu « *qu'il s'agit de l'ivresse volontaire qui ne peut être invoquée comme cause de non-imputabilité ; que dès lors ce moyen est inopérant, dans la mesure où le prévenu BBM s'était enivré volontairement et avait enivré ses militaires pour avoir le courage d'exécuter la sale besogne* »[223]. Toujours dans le cadre de la même affaire, le juge militaire a eu à se prononcer sur un cas où le prévenu a invoqué l'ordre d'un supérieur hiérarchique pour tenter de justifier le meurtre de cinq victimes civiles. À juste titre, le tribunal a rejeté cet argument sur la base de

---

couraient l'autre personne ou les biens protégés. Le fait qu'une personne ait participé à une opération défensive menée par des forces armées ne constitue pas en soi un motif d'exonération de la responsabilité pénale au titre du présent alinéa ; d) Le comportement dont il est allégué qu'il constitue un crime relevant de la compétence de la Cour a été adopté sous la contrainte résultant d'une menace de mort imminente ou d'une atteinte grave, continue ou imminente à sa propre intégrité physique ou à celle d'autrui, et si elle a agi par nécessité et de façon raisonnable pour écarter cette menace, à condition qu'elle n'ait pas eu l'intention de causer un dommage plus grand que celui qu'elle cherchait à éviter. Cette menace peut être : i) Soit exercée par d'autres personnes ; ii) Soit constituée par d'autres circonstances indépendantes de sa volonté. La Cour se prononce sur la question de savoir si les motifs d'exonération de la responsabilité pénale prévus dans le présent Statut sont applicables au cas dont elle est saisie. Lors du procès, la Cour peut prendre en considération un motif d'exonération autre que ceux qui sont prévus au paragraphe 1, si ce motif découle du droit applicable indiqué à l'article 21. La procédure d'examen de ce motif d'exonération est fixée dans le Règlement de procédure et de preuve ».

[222] CM Province Orientale, 24 mars 2006, Affaire *Bongi, op.cit.*, p.24-25.

[223] *Ibid.*, p.24-25.

l'article 28 de la Constitution[224] et en se référant à la jurisprudence militaire : « *attendu que l'illégalité de l'ordre qu'aurait donné le Major Faustin KAKULE n'aurait pu être douteuse et le prévenu [...] aurait dû refuser de l'exécuter si réellement un tel ordre avait été donné* »[225]. Concernant l'erreur de droit le juge affirme que : « *dans le cas sous examen, ayant reçu mission de protéger les personnes et leurs biens, les prévenus ne peuvent se prévaloir de l'erreur de droit à travers les actes manifestement illégaux commis par eux à Songo Mboyo, qui du reste constituent un revirement à la mission primaire qu'ils ne peuvent ignorer* »[226]. Cette dernière considération sur l'erreur de droit est intéressante, car le juge militaire estime que le soldat FARDC, par sa fonction même, ne peut ignorer sa mission de protéger la population.

Section II. La poursuite du chef militaire et supérieur hiérarchique

Dans cette section, il s'agit d'analyser la mise en œuvre de la responsabilité du supérieur hiérarchique par le juge militaire (Paragraphe I.), notamment celle des chefs militaires FARDC absente dans la jurisprudence militaire congolaise (Paragraphe II).

---

[224] Loi n° 11/002 du 20 janvier 2011 portant révision de certains articles de la Constitution de la République démocratique du Congo du 18 février 2006, *op.cit., art. 28 : « Nul n'est tenu d'exécuter un ordre manifestement illégal. Tout individu, tout agent de l'État est délié du devoir d'obéissance, lorsque l'ordre reçu constitue une atteinte manifeste au respect des droits de l'homme et des libertés publiques et des bonnes mœurs ».* La preuve de l'illégalité manifeste de l'ordre incombe à la personne qui refuse de l'exécuter.

[225] *Ibid.*

[226] *Ibid.*

Paragraphe I. La mise en œuvre de la responsabilité du chef militaire et supérieur hiérarchique

Le juge militaire a fait progressivement évoluer les éléments de la responsabilité du chef militaire et supérieur hiérarchique (I.). Cette évolution a pour objectif de se rapprocher des éléments constitutifs de cette responsabilité par la CPI (II.).

I. L'évolution des éléments constitutifs de la responsabilité du supérieur hiérarchique

Les premiers jugements relatifs à la responsabilité du chef militaire et supérieur hiérarchique relèvent d'une confusion avec la coaction et celle de la responsabilité du chef militaire et supérieure hiérarchique, alors que ce sont deux notions distinctes. La responsabilité du chef militaire et du supérieur hiérarchique repose sur une omission coupable, tandis que la coaction concerne une intention coupable de s'associer activement à la perpétration du crime. Dans l'affaire *Blaise Bongi*[227] le juge militaire avait retenu quatre éléments cumulatifs de la responsabilité du chef militaire et du supérieur hiérarchique :

- le lien de subordination entre le supérieur et le commettant : *« il ressort de l'examen de la cause que le fait pour le prévenu […] d'inclure ses propres gardes du corps dans le peloton de patrouille […] au village Tchekele établit à suffisance cette subordination requise pour l'établissement de l'infraction […] Que le lien de subordination s'apprécie par rapport au rang dont jouit le prévenu BM, coupable secondaire vis-à-vis des militaires agissant sous le commandement de KW, les coupables originaires […] »*[228] ;

[227] CM Province Orientale, 24 mars 2006, Affaire *Bongi*, *op.cit.*, p.20.
[228] *Ibid.*

- La capacité du supérieur de prévenir et de sanctionner les crimes ;
- L'abstention du supérieur de prévenir et sanctionner les crimes : *« Le prévenu a une prééminence fonctionnelle, c'est-à-dire la capacité matérielle de prévenir et de sanctionner les violations du droit humanitaire [...] Attendu qu'à la remise des biens pillés, le prévenu [...] au lieu de punir les pilleurs, au contraire, s'est approprié les biens en déclarant à son épouse et même dans sa plainte que c'étaient des butins de guerre [...]et plus loin « qu'enfin le prévenu [qui] avait le contrôle et l'autorité sur les éléments pilleurs n'a pu ni saisir une juridiction compétente ni ouvrir une action disciplinaire »*[229] ;
- La connaissance des crimes ou la volonté délibérée de ne pas s'en informer : *« Attendu que le prévenu avait des raisons non seulement de savoir, mais, surtout de s'assurer que ses militaires allaient et, par la suite, avaient pillé la localité de Tchekele [...] qu'ainsi le prévenu devra-t-il partager la responsabilité avec ses militaires, auteur du pillage »* [230]et plus loin, citant l'article 28 du *Statut de Rome* *« le prévenu [...] savait bien que ces troupes allaient commettre le pillage, raison pour laquelle son garde du corps VALAKA et son informateur devaient faire partie de cette patrouille pour ramener avec sécurité les biens pillés »*[231] ;
- La commission directe par ordre : Le prévenu « *a en outre lui-même organisé ce pillage en tenant compte des informations reçues (...) qui devaient conduire les patrouilleurs aux adresses déjà identifiées »*[232].

Ce faisant, le juge militaire exigeait la réunion de critères qui concernent directement la responsabilité du supérieur

---

[229] *Ibid.*, p.22.
[230] *Ibid.*, p.20.
[231] *Ibid.*, p.20.
[232] *Ibid.*, p.20.

hiérarchique et qui exigent un lien de subordination, capacité de prévenir et de sanctionner, connaissance des crimes ou volonté délibérée de ne pas s'en informer et des critères qui concernent la notion de coaction, s'appuyant sur un comportement actif (la commission directe par ordre, l'encouragement, la planification…). On retrouve cette interprétation de la responsabilité du chef militaire et supérieur hiérarchique dans les affaires *Songo Mboyo*[233], *Kahwa*[234] ou encore *Kakado*[235]. Cette tendance s'est inversée avec l'affaire *Balimusa*[236] de mars 2011.

Dans cette affaire[237], la CM du Sud Kivu accepte de transposer la jurisprudence de la CPI de l'affaire *Bemba* pour retenir les critères suivants : *« L'accusé doit avoir été soit un chef militaire soit une personne faisant effectivement fonction de chef militaire, l'accusé doit avoir eu sur les forces qui ont commis les crimes un commandement et un contrôle effectif ; l'accusé avait connaissance du fait que les forces commettaient ou allait commettre ces crimes ; Le chef militaire n'a pas pris toutes les mesures nécessaires et raisonnables qui étaient en son pouvoir »*[238]. Cette nouvelle disposition permettra de faire clairement la part entre la responsabilité du chef militaire et supérieur hiérarchique et la notion de coaction. Cela sera très explicite dans l'affaire *Maniraguha*[239] où la notion de la responsabilité du chef militaire et supérieur hiérarchique sera alignée sur celle développée dans la jurisprudence internationale. *« En d'autres termes, la jurisprudence congolaise se stabilise*

---

233 TMG Mbandaka, 7 juin 2006, Affaire *Songo Mboyo*, *op.cit.*

234 TMG Ituri, 12 août 2006, Affaire *Kahwa*, *op.cit.*

235 Affaire *Kakado*, *op.cit.*

236 CM du Sud Kivu- Bukavu, Affaire *Balimusa,* RMP n° 1280/MTL/09, 09 mars 2011.

237 *Ibid.*

238 CPI, *Le Procureur c. Jean-Pierre Bemba Gombo*, *op.cit.,* p.90-106.

239 TMG Bukavu, 16 août 2011, Affaire *Kazungu*, RMP 581/07 et 1573/KMC/ 10.

progressivement en se structurant selon les lignes définies par la jurisprudence internationale »[240].

Analysons désormais l'appréciation des éléments de la responsabilité du supérieur hiérarchique faite par le juge militaire.

II. L'appréciation des éléments de la responsabilité du chef militaire ou du supérieur hiérarchique

A. La situation de chef militaire ou de supérieur hiérarchique

L'accusé doit avoir été soit un chef militaire, soit une personne faisant effectivement fonction de chef militaire ou un supérieur hiérarchique. Le terme « chef militaire » renvoie à une personne qui est officiellement ou légalement nommée pour exercer des fonctions de commandement militaire. Le juge militaire étend cette notion aux individus qui sont nommés comme chefs militaires au sein de forces irrégulières ne dépendant pas du gouvernement congolais. Cette qualité n'est cependant pas attachée formellement à une fonction ou à un rang pour s'entendre d'une position de commandement ou de supériorité vis-à-vis des auteurs des crimes. Par exemple sur la position de Bernard Kakado, le juge militaire énonce : *« Attendu que, bien que n'étant pas un chef militaire au sein de la milice FRPI, le prévenu Kakado en était de fait le commandant suprême, du fait qu'il en était non seulement fondateur, mais aussi il était considéré comme la plus haute autorité morale et chef spirituel suprême. En tant que tel il est un supérieur hiérarchique, ayant de fait sous son autorité et son contrôle*

---

[240] ASF. *La mise en œuvre judiciaire du Statut de Rome en République démocratique du Congo*. [Ressource électronique]. Belgique, 2014. Non paginé. Disponible sur : https://asf.be/wp-content/uploads/2014/04/ASF_IJ_Mise-en-oeuvre-judiciaire-SDR_2014.pdf [Consulté le 10/05/2022].

les combattants Ngiti de la milice FRPI »[241]. Kakado n'a pas été officiellement ou légalement nommé chef militaire, mais il agit comme tel vis-à-vis des forces qui ont commis les crimes.

B. Un commandement et un contrôle ou une autorité effective sur les forces

L'accusé doit avoir eu sur les forces qui ont commis les crimes un commandement et un contrôle effectifs, ou une autorité et un contrôle effectifs. Le commandement ne s'apprécie pas par rapport à la position officielle de la personne, mais à celle qu'il occupe au moment des faits. L'exigence de l'effectivité s'applique à l'autorité et au contrôle. Elle requiert que le supérieur ait été en mesure de commander ou de diriger l'action des subordonnés ayant commis un crime de droit international.

C. La connaissance des crimes ou la volonté délibérée de ne pas s'en informer

« Attendu que le prévenu avait des raisons non seulement de savoir, mais surtout de s'assurer que ses militaires allaient et, par la suite, avaient pillé la localité de Tchekele [...] qu'ainsi le prévenu devra-t-il partager la responsabilité avec ses militaires, auteur du pillage », citant l'article 28 du *Statut de Rome : « le prévenu [...] savait bien que ces troupes allaient commettre le pillage, raison pour laquelle son garde du corps VALAKA et son informateur devaient faire partie de cette patrouille pour ramener avec sécurité les biens pillés »*[242]. Cette connaissance doit être établie au moyen de preuves soit directes soit indirectes (ou circonstancielles). Citons comme exemples de preuves directes l'admission par l'accusé de sa connaissance des faits ou les déclarations qu'il a pu faire sur les crimes.

---

241 TMG Bunia, 9 juillet 2010, Affaire *Kakado*, *op.cit.*
242 ASF, Étude de jurisprudence, *op.cit.*, p.79.

D. Le chef militaire n'a pas pris toutes les mesures nécessaires et raisonnables qui étaient en son pouvoir pour empêcher l'infraction

« *Le prévenu a une prééminence fonctionnelle, c'est-à-dire la capacité matérielle de prévenir et de sanctionner les violations du droit humanitaire [...] Attendu qu'à la remise des biens pillés, le prévenu [...] au lieu de punir les pilleurs, au contraire, s'est approprié les biens en déclarant à son épouse et même dans sa plainte que c'était des butins de guerre [...]* » [243] et plus loin « *qu'enfin le prévenu [*qui*] avait le contrôle et l'autorité sur les éléments pilleurs n'a pu ni saisir une juridiction compétente ni ouvrir une action disciplinaire* »[244]. Souscrivant à la position de la CPI, le juge militaire estime que c'est en fonction de chaque situation particulière que l'on détermine ce qui constitue « toutes les mesures nécessaires et raisonnables » à prendre pour empêcher ou réprimer l'exécution de crimes par des forces données, ou pour en référer aux autorités compétentes, et ce, après un examen « au cas par cas »[245]. Les mesures « nécessaires »[246] sont celles qui sont appropriées pour que le chef militaire s'acquitte de son obligation[247]. Il n'est pas déterminant qu'il ait eu « expressément le pouvoir *de jure* » de prendre de telles mesures ; ce qui compte est qu'il ait eu la capacité matérielle d'agir. En d'autres termes, le juge militaire reprend la thèse de la CPI où on évaluera ce qui constitue « toutes les mesures raisonnables et nécessaires en son

---

[243] CPI, Jugement, *Le Procureur c. Jean-Pierre BEMBA*, *op.cit.*, para.197.
[244] *Ibid.*
[245] ASF, étude de jurisprudence, op.cit., p.79.
[246] TMG Bukavu, Affaire *Mupoke*, *op.cit.*
[247] *Ibid.*

pouvoir » à la lumière de son pouvoir *de jure* et/ou *de facto* et de l'exercice qu'il en a fait[248].

Paragraphe II. La poursuite des violences sexuelles commises par les chefs militaires FARDC

Les juges militaires ont échoué dans leurs entreprises de poursuivre les chefs militaires FARDC (I.). Le cas de l'impunité des violences sexuelles commises par la 14e brigade FARDC illustre ces propos (II.).

I. L'échec de la poursuite des chefs militaires FARDC

Les FARDC sont créées en 2003. Elles sont composées de soldats venant des différents groupes armés et de l'ancienne armée gouvernementale. À la suite des élections nationales et provinciales en 2006, les FARDC sont envoyées dans l'est du pays. Depuis leur création, les FARDC sont les principales auteurs des violences sexuelles rapportées en RDC[249]. *« En 2007, la MONUC a établi que cinquante-quatre pour cent de tous les cas de violences sexuelles rapportés au cours des six premiers mois de cette année-là avaient été commis par les soldats FARDC »*[250].

---

[248] CPI, Jugement, *Le Procureur c. Jean-Pierre BEMBA*, *op.cit.*, para.199.

[249] Human Rights Watch. *Les soldats violent, les commandants ferment les yeux – Violences sexuelles et réforme militaire en République démocratique du Congo*. [Ressource électronique]. 16 juillet 2009. Non paginé.
Disponible sur : https://www.hrw.org/fr/report/2009/07/16/les-soldats-violent-les-commandants-ferment-les-yeux/violences-sexuelles-et [consulté le 20/07/08]

[250] Human Rights Watch. Les soldats violent, les commandants ferment les yeux – Violences sexuelles et réforme militaire en République démocratique du Congo, *op.cit.*, *« Bien qu'elle soit révélatrice de l'ampleur des violences sexuelles commises par les forces gouvernementales, de nombreuses raisons expliquent pourquoi*

Entre janvier et mai 2009, HRW a recueilli des informations sur cent quarante-trois cas de viols perpétrés par des soldats de l'armée au Nord-Kivu[251]. *« Un responsable des Nations Unies dans le Nord-Kivu a prévenu que le nombre de viols signalés commis par les hauts gradés FARDC était en hausse »*[252]. Le CJM prévoit une procédure spéciale dès lors qu'un FARDC ou agent de police est l'accusé[253]. En

---

cette statistique est probablement incomplète. Ainsi, les victimes de violences sexuelles perpétrées par des groupes armés dans des zones reculées ont probablement eu moins de possibilités d'accéder à des services que les victimes violées par des soldats de l'armée. Conseil des droits de l'homme de l'ONU, Rapport de la Rapporteuse spéciale sur la violence contre les femmes, ses causes et ses conséquences, para. 13. Le rapport contient une liste des crimes sexuels commis par les FARDC ».

251 Human Rights Watch. Les soldats violent, les commandants ferment les yeux – Violences sexuelles et réformes militaire en RD Congo, *op cit., « Il s'agissait de la majorité des 250 cas de violence sexuelle examinés par Human Rights Watch dans le Nord-Kivu pendant cette période ».*

252 Human Rights Watch. Les soldats violent, les commandants ferment les yeux – Violences sexuelles et réforme militaire en République démocratique du Congo, *op.cit.*, Entretien de Human Rights Watch avec un responsable de l'ONU, Goma, 30 mars 2009.

253 CJM, *op.cit.*, art.34 : *« Pour la composition du siège de la juridiction militaire, il est tenu compte du grade ou du rang du prévenu à l'époque des faits reprochés ou, en cas de promotion ultérieure, lors de la comparution à la première audience. En cas de pluralité de prévenus de grade ou de rang différents, il est tenu compte du grade et de l'ancienneté les plus élevés. Lorsque les faits de la poursuite mettent en cause des prévenus appartenant à des armées différentes, aux services communs ou n'ayant pas la qualité de militaire, ou lorsqu'il n'est pas possible de composer le siège de la juridiction militaire conformément aux articles précédents, les juges assesseurs appartiennent, autant que possible, à chacune des armées ou services communs. En cas d'impossibilité de composer le siège de la juridiction conformément aux dispositions de l'alinéa ci-dessus, les juges assesseurs sont pris sans distinction d'appartenance à une armée. La justification de l'impossibilité sera indiquée par le président de la juridiction dans sa motivation ».*

première instance, les TMG jugent les militaires jusqu'au grade de capitaine. Les officiers supérieurs les plus gradés (les généraux) sont jugés par la Haute Cour Militaire. Les juges et les auditeurs militaires intervenant dans les procédures judiciaires doivent être de grade égal ou supérieur à celui du militaire jugé. En conséquence, l'absence d'enquêtes peut résulter du fait que certaines juridictions militaires ne sont pas en mesure d'enquêter et de juger les fonctionnaires de grade supérieur. En conséquence, un bon nombre de juges militaires ne peuvent pas juger les officiers hauts gradés ; ils devraient renvoyer l'affaire devant un tribunal différent où le juge a un grade plus élevé, ce qui semble n'arriver que rarement. Dans cette situation, certains des plus hauts gradés peuvent bénéficier de l'immunité, en raison du manque de magistrats militaires de grade égal ou supérieur. La solution serait l'attribution d'un grade supérieur à plusieurs juges militaires. Cette solution dépend de la volonté du président de la RDC. L'échec de la procédure de poursuite des FARDC conduit à l'impunité de leurs crimes.

L'affaire *Ankoro* est la première affaire de crimes internationaux traitée par le juge militaire. Les prévenus sont des chefs militaires FARDC. La CM du Katanga n'a pas saisi l'opportunité de produire une jurisprudence pertinente sur la poursuite de soldats FARDC. En l'espèce, ce sont 20 combattants, lieutenants et colonels qui ont été arrêtés en décembre 2002 pour avoir préparé et participer à une attaque contre la population civile, causant la mort de nombreuses personnes qui ne participaient pas aux combats et des viols[254]. Le principal prévenu est un colonel qui commandait les troupes FARDC au moment de l'offensive. Bien que les soldats ayant commis des infractions étaient

---

[254] CM du Katanga, 20 décembre 2004, Affaire *Ankoro*, RMP n° 004/03/MMV/1NMB, RP n° 0112003, RMP n° 0046/04/NMB et RP n° 02/2004.

sous l'autorité du colonel Émile Twanbangu, le juge militaire ne retient aucune charge contre lui. Au terme de ce procès, le juge militaire a donc acquitté les officiers supérieurs et condamné des soldats et officiers de grade inférieur pour des infractions secondaires.

II. Étude de cas des violences sexuelles commises par la 14e brigade des FARDC

La majorité des membres de la 14e brigade étaient des ex-combattants du Rassemblement congolais pour la démocratie Goma (RCD-Goma)[255], l'un des principaux groupes armés soutenus par le Rwanda qui a combattu le gouvernement national pendant la Deuxième Guerre au Congo[256]. La brigade comptait aussi parmi ses membres des Maï-Maï et des membres de l'ancienne armée gouvernementale, les Forces armées congolaises (FAC). Depuis sa création, les hauts gradés de la 14e brigade ont été impliqués dans de nombreux actes de violences sexuelles. HRW observe que ces FARDC sont reconnaissables avec leurs épaulettes mauves, couleur désignée des membres de cette brigade[257]. Le nombre de poursuites pour des

---

[255] Le Rassemblement congolais pour la démocratie (RCD) est un groupe rebelle congolais actif dans la partie orientale de la RDC. Le mouvement fut porté par le Rwanda et fut l'un des acteurs majeurs de la Deuxième guerre du Congo.

[256] HCDH, *Rapport Mapping*, *op.cit.*

[257] Human Rights watch. Les soldats violent, les commandants ferment les yeux – Violences sexuelles et réforme militaire en République démocratique du Congo, *op.cit.*, Entretien de HRW avec une victime âgée de 18 ans, *« J'étais partie aux champs chercher des pommes de terre. Je retournais chez moi. C'est alors que j'ai vu des soldats qui se dirigeaient vers moi. Ils m'ont demandé ce que je faisais dans les champs. Ils m'ont dit que je pouvais choisir : soit je leur donnais de la nourriture, soit je devenais leur femme. Je leur ai dit de prendre la nourriture. Ils ont refusé et m'ont prise [violée], puis ils ont quand même pris la nourriture. C'étaient deux soldats de la 14e brigade, avec des épaulettes mauves et un uniforme d'une couleur unie. Au moment*

violences sexuelles commises par des membres de la 14e brigade est faible en comparaison du nombre d'allégations[258]. Une victime de violences sexuelles et d'enlèvement à Kabare a expliqué qu'elle avait essayé de déposer plainte auprès d'un officier supérieur (un major), car elle connaissait le nom du violeur, un capitaine, mais le major n'a rien fait[259]. Le procureur militaire en question a justifié son inaction de cette manière : *« Il s'agissait d'une situation exceptionnelle, est-ce que vous arrêteriez 80 pour cent de l'unité ? »*[260]. Selon les juridictions militaires, la situation à Kabare était tellement dangereuse que les enquêteurs judiciaires n'ont pas osé s'y rendre. Ainsi, les crimes perpétrés par cette brigade restent encore impunis, malgré quelques initiatives des procureurs militaires.

---

du viol, il y avait eu des combats et l'insécurité régnait. Ce jour-là, la 14e brigade avait affronté le CNDP ».

[258] Human Rights watch. Les soldats violent, les commandants ferment les yeux – Violences sexuelles et réforme militaire en République démocratique du Congo, *op.cit.*

[259] Human Rights watch. Les soldats violent, les commandants ferment les yeux – Violences sexuelles et réforme militaire en République démocratique du Congo, *op.cit.*

[260] *Ibid.*

CHAPITRE II. LA RESPONSABILITÉ DE L'ÉTAT CONGOLAIS

Le ministère public a pour habitude de mettre en œuvre la responsabilité administrative et civile de l'État, dès lors que les FARDC ou les agents de police sont responsables de violences sexuelles. Pour cela, le juge militaire se fonde sur l'article 77 du CJM concernant l'action civile[261]. Il rappelle l'article 77 alinéa premier du CJM aux termes duquel *« l'action pour la réparation des préjudices causés par une infraction relevant de la compétence de la juridiction militaire peut être poursuivie par la partie lésée en se constituant partie civile en même temps et devant le même juge que l'action publique »*[262]. Il ressort de cette disposition légale que les juridictions militaires sont compétentes pour examiner une action civile lorsque les victimes se constituent partie civile et pour prononcer la réparation des victimes. Le juge militaire peut donc prononcer la responsabilité pénale du prévenu, puis sa responsabilité civile, et ensuite celle de l'État congolais. Cette responsabilité de l'État repose sur sa relation avec ses agents. Selon lui, l'État joue un rôle important dans la commission des violences sexuelles constitutives de crimes internationaux. Car, le caractère massif, extrême et en continu de ces violences illustre le manquement de l'État congolais à protéger ces citoyens et citoyennes. La responsabilité administrative repose sur la faute de

---

[261] Loi N°03/23 du 18 novembre 2002 portant le code judiciaire militaire, *op.cit.*, art.77 : *« L'action pour la réparation du dommage causé par une infraction relevant de la compétence de la juridiction militaire peut être poursuivie par la partie lésée en se constituant partie civile en même temps et devant le même juge que l'action publique. Il en est de même des demandes en dommages-intérêts formées par le prévenu contre la partie civile ou contre les coprévenus. Les restitutions des objets s'opèrent suivant le droit commun »*.

[262] TMG Uvira, 30 octobre 2010, Affaire *Lemera, op.cit.*

l'administration, en l'occurrence celle des FARDC et des agents de police. Sur cette faute le juge militaire affirme qu'il suffit de relever une mauvaise tenue générale du service public dans son ensemble. La responsabilité civile, quant à elle, repose sur un fait causé à autrui, un dommage et le lien de causalité.

Il convient de scinder en deux cette section entre la responsabilité administrative de l'État congolais (Section I.) et sa responsabilité civile (Section II.).

Section I. La responsabilité administrative de l'État congolais

La jurisprudence militaire explique les causes de la responsabilité administrative (Paragraphe I.). Puis elle établit le fondement juridique pour la mise en œuvre de cette responsabilité (Paragraphe II).

Paragraphe I. Les causes de la responsabilité administrative

Le devoir de l'État congolais de garantir la sécurité des personnes par le service public (I.), ainsi que la mission protectrice des FARDC, des agents de police et même des groupes armés envers la population (II.) sont aux fondations de l'établissement de la responsabilité administrative de l'État congolais, par le juge militaire.

I. La sécurité des personnes garantie par le service public

La responsabilité de l'État congolais découle de la faute que peut commettre le service public dans la protection des citoyens et citoyennes[263]. L'obligation de sécurité qui incombe à l'État envers ses administrés relève d'un devoir

---

263 TMG Uvira, Affaire *Lemera*, Premier degré, *op.cit.*

constitutionnel[264] de l'État d'assurer la paix et la sécurité sur l'ensemble du territoire national, à son peuple et à leurs biens tant sur le plan national que sur le plan international et d'éradiquer tout acte de nature insurrectionnelle[265]. Ce devoir relève des prérogatives de l'État en tant que puissance publique de veiller constamment à la sécurité de sa population[266]. *« Le tribunal est d'avis que la sécurité des individus est la raison même de la vie juridique des peuples et de l'organisation des sociétés et que l'État doit y veiller constamment. Ainsi l'État doit répondre des dommages causés par ses agents dans l'exercice de leur fonction, non pas parce qu'il a pu commettre quelque faute, mais parce qu'il a l'obligation de garantir la sécurité des individus contre les actes dommageables de ceux qui exercent une activité en son nom et pour son compte »*[267].

Dans l'affaire *Maniraguha*, le juge militaire apprécie l'absence de sécurité dans le manquement de l'État à mener une offensive contre le FDLR : *« les paysans de KALONGE et de BUNYAKIRI ont été abandonnés entre les mains de leurs assaillants, les éléments FDLR RASTA qui les ont assujettis. L'État congolais aurait dû et devrait constamment y veiller ; mais hélas ! L'État n'a rien fait pour mettre fin aux agissements combien criminels et nuisibles de ce groupe rebelle, posant des actes sans état*

---

[264] Loi n° 11/002 du 20 janvier 2011 portant révision de certains articles de la Constitution de la République démocratique du Congo du 18 février 2006, *op.cit.*, art.52 al.1 : *« Tous les Congolais ont droit à la paix et à la sécurité, tant sur le plan national qu'international »*.

[265] TMG Bukavu, Affaire *Maniraguha, op.cit.*

[266] *Ibid., « Il est des jurisprudences constantes que la mission de sécuriser les particuliers et leurs biens est une mission de puissance publique dont la responsabilité ne peut être retirée de l'Etat, même si les particuliers ont, par des engagements contractuels privés, souscrit à des mesures personnelles d'assurance, de sécurité ou de gardiennage »*.

[267] Haute cour militaire, Affaire *Lemera,* Deuxième degré (en appel), *op.cit.*

d'âme, vis-à-vis desquels l'État a perdu tout moyen de contrôle, manquant ainsi à sa mission de puissance publique »[268].

II. La mission protectrice des FARDC, des agents de police et des groupes armés

Afin de garantir la sécurité de sa population, le gouvernement congolais confère aux forces armées, à la police et aux services de sécurité, la mission de protéger la population congolaise. Ces forces sont considérées comme un organe de l'État dont la mission est d'assurer la sécurité des personnes et de leurs biens. Le juge militaire estime que les FARDC sont des organes de l'État qui ont une mission protectrice envers la RDC et ses habitants. Cette « mission protectrice » tire ses fondements de l'article 187 alinéa 2 de la Constitution de la RDC : *« Elles ont pour mission de défendre l'intégrité du territoire national et les frontières. Dans les conditions fixées par la loi, elles participent, en temps de paix, au développement économique, social et culturel ainsi qu'à la protection des personnes et de leurs biens »*[269].

Le juge militaire étend la mission protectrice des FARDC aux groupes armés contrôlés par l'État. Le contrôle de l'État sur un groupe armé s'exerce par le soutien soit matériel, soit humain de l'État envers le groupe armé. C'est par exemple le cas des dotations en armes et en munitions du gouvernement congolais aux groupes armés et le soutien des groupes armés[270], ou encore du cas où les milices ont combattu au côté des FARDC[271]. Dans l'affaire

---

[268] TMG Bukavu, Affaire *Maniraghua*, *op.cit.*

[269] Loi n° 11/002 du 20 janvier 2011 portant révision de certains articles de la Constitution de la République démocratique du Congo du 18 février 2006, *op.cit.* art.187.

[270] TMG Bunia, 9 juillet 2010, Affaire *Kakado*, *op.cit.*

[271] *Ibid.*

Maniraguha : « *Attendu que les combattants Maï-Maï qui se trouvaient à Ankoro au moment des faits constituent une entité formée par l'État congolais qui les avait dotés en armes et munitions de guerre et qui les utilisait ; qu'à ce titre, ils doivent être considérés comme étant des préposés de l'État congolais qui bénéficiait de leurs services ; Attendu que les réfugiés rwandais hutus, comme les combattants Maï-Maï, formaient aussi une entité armée appuyant les FAC dans leurs actions contre les forces rebelles du RCD et par conséquent sont considérés également comme étant des préposés de l'État congolais* »[272]. Le juge militaire considère donc que les milices qui ont combattu aux côtés des forces régulières doivent également être considérées comme « préposées » de l'État congolais, mettant ainsi en œuvre sa responsabilité dans plusieurs affaires impliquant les Maï-Maï[273].

---

[272] CM du Katanga, 20 décembre 2004, Affaire *Ankoro, op.cit.*

[273] Maï-Maï, ou parfois Mayi-Mayi, est un terme général décrivant des groupes armés actifs au cours de la Deuxième guerre du Congo en République démocratique du Congo (RDC). La plupart se constituèrent pour résister à l'invasion des forces armées du Rwanda et des groupes rebelles congolais proches du Rwanda (dont essentiellement le RCD), ou parfois dans un but de brigandage. Bien que les provinces du Kivu aient été militarisées de longue date, en particulier parmi les minorités Batembo et Babembe, l'instabilité dans la région amena les habitants à constituer les milices Maï-Maï. Que ce soit en tant que groupes unis ou en tant que groupes individuels, les Maï-Maï ne faisaient pas partie de l'accord de Lusaka en 1999 entérinant officiellement un cessez-le-feu et restèrent l'une des principales et des plus incontrôlables forces dans le pays. Le manque de coopération de certains groupes Maï-Maï a plusieurs fois hypothéqué le processus de paix dans le pays. Les groupes repris sous l'appellation « Maï-Maï » incluent des forces armées dirigées par des seigneurs de guerre, des chefs tribaux traditionnels, des chefs de village, et des leaders politiques locaux. Parce que les Maï-Maï manquaient de cohésion et de visibilité à l'égard du monde extérieur, les différents groupes se retrouvèrent alliés à divers gouvernements réguliers ou forces armées à différents moments. La majorité des Maï-Maï ont cependant été actifs dans les provinces du

Nous allons étudier les affaires *Gédéon*[274] et *Colonel Thom's*[275].

Dans l'affaire *Gédéon*, l'État congolais a été condamné pour les actions des Maï-Maï. Le juge militaire note qu'entre octobre 2003 et le 12 mai 2006, Gédéon Nyungu Mutanga, *« chef du Mouvement Maï-Maï est un allié du gouvernement congolais, comme tel, armé et chargé d'épauler l'Armée nationale dans sa mission de la sécurisation du territoire national, notamment pour bouter dehors les ennemis de la République »*[276]. Le juge militaire reprend le contexte et l'histoire du lien entre le gouvernement congolais et ce groupe armé, dans le jugement. Les Maï-Maï ont été appelés à plusieurs reprises à collaborer avec le gouvernement congolais pour combattre les milices et armées étrangères telles que le FDLR. Le juge militaire affirme que : *« Le gouvernement congolais n'a jamais, de manière sérieuse, suffisamment rompu ses alliances avec Gédéon Kyungu Mutanga et, à travers lui, ses disciples ; »*[277]. Le juge militaire estime que

---

Nord-Kivu et du Sud-Kivu, sous contrôle des forces rebelles proches du Rwanda du Rassemblement congolais pour la Démocratie-Goma (RCD-Goma). Selon un rapport des Nations unies de 2001, 20.000 à 30.000 Maï-Maï étaient actifs dans les deux provinces du Kivu. Les deux plus importants groupes du Kivu, aussi considérés comme les mieux organisés, sont dirigés par les généraux Bulenda Padiri et Lwengamia Dunia. Ils reçurent de l'aide du gouvernement régulier de Kinshasa, et sont considérés par les autres groupes comme la tête du mouvement Maï-Maï au Kivu. D'autres groupes Maï-Maï plus petits, tels que Mudundu 40/Front de Résistance et de Défense du Kivu (FRDKI) et le Mouvement de Lutte contre l'Agression au Zaïre/Forces Unies de Résistance Nationale contre l'Agression de la République démocratique du Congo (MLAZ/FURNAC), furent considérés comme coopérants avec les militaires rwandais et le RCD-Goma ».

[274] CM Katanga, 16 décembre 2010, Affaire *Gédéon*, *op.cit.*

[275] TMG Kisangani, 3 juin 2009, Affaire *Colonel Thom's*, *op.cit.*

[276] CM Katanga, 16 décembre 2010, Affaire Gédéon, *op.cit.*

[277] *Ibid.*

l'État est responsable des dommages causés par la faute des Maï-Maï sur lesquels il y exerçait un contrôle.

Le juge militaire reprend le même raisonnement dans l'affaire *colonel thom's*. En l'espèce, au mois de décembre 2006, Basele Lutula connu sous le nom de Colonel Thom's a abusé d'une fille mineure pendant plusieurs mois. Puis dans 13 villages du secteur de Yawende Loola, durant le mois de juin et juillet 2007, des éléments du groupe armé Maï-Maï de Basele Lutula s'attaquent aux civils. Ils vont battre plusieurs personnes et commettre des viols sur environ 135 femmes, dont 8 mineurs. Dans l'affaire *colonel thom's*, le juge militaire affirme que les Maï-Maï étaient au service de la RDC qui les avaient dotés en armes pour combattre aux côtés des FARDC contre les rebelles du RCD et leurs alliés tutsis rwandais. Cet argument fonde la faute de l'administration et sa responsabilité, selon le juge militaire.

Paragraphe II. Fondement juridique de la responsabilité administrative de l'État congolais

La notion de faute du service public (I.) est au fondement de la responsabilité administrative de l'État congolais. Le juge militaire interprète cette notion de manière large (II.), dans le sens où la présomption de faute y est comprise.

I. La notion de faute du service public

Le 5 novembre 1920, la Cour de cassation reconnaît que les autorités administratives sont soumises, sur le plan de la responsabilité civile, aux mêmes règles que les particuliers. Si une autorité administrative commet une faute qui engendre un dommage dans le chef d'une personne, elle est tenue de la réparer[278].

---

[278] Cour de cassation, 5 novembre 1920, Arrêt *Flandria*, Depuis l'arrêt *La Flandria* de la Cour de cassation, lorsque c'est une administration

L'administration est donc responsable du dommage causé par sa faute. La faute de l'administration peut recouvrir deux aspects : elle peut consister dans une faute individuelle, commise par un agent déterminé et dont on peut identifier l'auteur ; elle peut encore consister dans une faute anonyme dont l'auteur n'apparaît pas de manière précise. C'est le service dans son ensemble qui a mal fonctionné, et dont le comportement n'a pas été ce que l'on aurait pu normalement attendre[279]. Le juge militaire apprécie la faute du service public au regard de ce que l'on doit attendre d'un service public moderne, de son fonctionnement normal.

La mauvaise tenue des services publics suffit à engager la responsabilité administrative de l'État sans que la faute des agents soit requise. *« Pour que cette faute se forme, il n'est pas nécessaire que les agents soient en faute, il suffit de relever une mauvaise tenue générale du service public dans son ensemble, d'établir sa mauvaise organisation ou son fonctionnement défectueux »*[280].

(l'Etat, les Régions, les Communautés, les Provinces, les Communes…) qui commet une faute, il faut en principe appliquer les mêmes règles que lorsque c'est un particulier qui commet une faute ; Dans l'arrêt, la Cour de cassation avait décrit les droits civils comme « tous les droits privés consacrés ou organisés par le Code civil ou les lois qui le complètent », de sorte que les contestations fondées sur l'article 1382 du Code civil relevaient sans hésitation de la compétence des cours et tribunaux. Aussi, toujours selon la Cour de cassation, « une contestation qui a pour objet la réparation pécuniaire de la lésion d'un droit, fût-il politique, relève de la compétence exclusive des tribunaux ; SOHIER Antoine, *Droit civil du Congo belge*, tomes I, II et III, *Revue internationale de droit comparé*, Volume 10, 1958. pp. 677-679.

[279] DE BURLET Jacques, *Précis de Droit administratif congolais*, Bruxelles, Ferdinand Larcier, 1969, p.247.

[280] TMG Bukavu, 15 octobre 2012, Affaire *Mupoke*, *op.cit.*, *« Il suffit de relever une mauvaise tenue générale du service public dans son ensemble, d'établir sa mauvaise organisation ou son fonctionnement par référence à ce que l'on doit attendre d'un service public moderne,*

En outre, la mauvaise gestion du service public suffit à engager la responsabilité administrative de l'État congolais.

II. L'interprétation large de la faute du service public

Dans l'affaire *Bongi*[281], le juge militaire précise que même si les FARDC ou agents de police ont donné la consigne de ne pas commettre de crimes et que celle-ci n'est pas respectée, l'État congolais reste responsable des actes criminels de ces personnes : « *La jurisprudence décide qu'il suffit que la faute ait été commise au cours du service par le préposé, même si celui-ci a passé outre à une défense du commettant laquelle défense, en l'espèce, est la consigne générale connue de tous les militaires des FARDC que les personnes qui ne participent pas directement aux hostilités (civils, prisonniers de guerre, etc.) ne doivent pas être tuées* »[282]. En appel de cette décision, le juge militaire confirme la condamnation *in solidum* du prévenu et de la RDC[283]. Il fonde sa décision sur « *la présomption de faute que peut commettre l'administration ou l'État dans le choix et dans la surveillance de ses agents* »[284]. La Cour invoque également la doctrine sur la responsabilité des services publics en droit congolais : « *Le bénéficiaire de l'activité accomplie pour son compte par ses agents, il n'est que logique et de principe d'équité élémentaire que l'État soit*

---

de son fonctionnement normal : la jurisprudence a donné à ce type de faute le nom, sans doute purement métaphorique mais fort expressif, de faute du service public. Des exemples habituels de cette faute concernent notamment : les cas où le service public a mal fonctionné ; les cas où le service public n'a pas fonctionné ; le cas où le service public a fonctionné tardivement » (KALONGO B. cité par HCM, dans l'affaire RP 001/2004, Auditeur Général, MP c/Col ALAMBA et consorts, p172) ».

281 CM Kisangani, 4 novembre 2006, Affaire *Bongi, op.cit.*

282 *Ibid.*

283 *Ibid.*

284 *Ibid.*

appelé à réparer le mal résultant du service dont il tire profit en tant que maître [...] le développement des services publics dont la gestion a entraîné de nombreux dommages professionnels ainsi que divers préjudices aux particuliers a fait qu'aujourd'hui, tous les actes de l'État, sans distinction, donnent lieu à la responsabilité civile de celui-ci [...] ; l'État [...] doit répondre des dommages causés par ses agents dans l'exercice de leur fonction, non pas parce qu'il a pu commettre quelque faute [...], mais parce qu'il a l'obligation de garantir la sécurité des individus contre les actes dommageables de ceux qui exercent une activité en son nom et pour son compte »[285].

Section II. La responsabilité civile de l'État congolais

Pour établir la responsabilité civile de l'État congolais, le juge militaire évoque les fondements de cette responsabilité (Paragraphe I.), puis sa mise en œuvre (Paragraphe
II).

Paragraphe I. Les fondements de la responsabilité civile de l'État congolais

La responsabilité de l'État congolais repose au préalable sur l'application des articles 258 et 260 du Code civil (I.), et s'insère dans la théorie de la socialisation de la responsabilité (II.).

I. Les articles 258 et 260 du Code civil

L'article 258 livres III du Code civil congolais, pierre angulaire du principe de la responsabilité civile, dispose que « *tout fait quelconque qui cause à autrui un dommage oblige celui par la faute duquel il est arrivé à le réparer* ».

---

[285] *Ibid.*

Parallèlement, l'article 260 du même Code établit le principe de la responsabilité des maîtres et commettants sur les actes de leurs préposés : « *On est responsable non seulement du dommage que l'on cause par son propre fait, mais encore de celui qui est causé par le fait des personnes dont on doit répondre, ou des choses que l'on a sous sa garde* ». La jurisprudence congolaise exige quatre conditions pour l'application de cet article : *« l'existence d'un lien de commettant à préposé (il y a un lien de commettant à préposé lorsqu'une personne a autorité sur une autre, et que cette dernière est le subordonné et agit selon les ordres ou instructions de la première) ; le dommage doit avoir été causé par la faute du préposé ; le dommage doit être survenu dans l'exercice des fonctions auxquelles le préposé était employé au moment des faits ; le dommage doit être causé à un tiers »*[286].

La responsabilité civile de l'État congolais a été reconnue par la CM du Katanga dans l'affaire d'*Ankoro*, de 2006. « *Certains militaires de la 95e Brigade dans l'accomplissement de leur mission traditionnelle d'assurer la sécurité des personnes et de leurs biens incendièrent des maisons d'habitation et de prière ; tuèrent des personnes non engagées dans les hostilités et en blessèrent d'autres ; Que ces militaires sont des préposés de l'État congolais, travaillant à temps plein à son nom et pour son compte* »[287]. Le juge militaire soutenait que la responsabilité civile de l'État était subordonnée à celle d'un des prévenus considérés comme chef militaire[288]. Dans *Songo Mboyo*, statuant sur les réparations civiles, le tribunal condamne

---

[286] KALONGO Mbikayi, *Responsabilité civile et socialisation des risques en droit zaïrois*, Kinshasa, PUZ, 1974, p.152 ; Se référer également à l'arrêt de la Cour Suprême de justice, 11 octobre 2002, RPP 137.

[287] CM du Katanga, 20 décembre 2004, Affaire *Ankoro, op.cit.*

[288] TMG de Mbandaka, 7 juin 2006, Affaire *Songo Mboyo, op.cit.*, p.5.

l'État congolais en sa qualité de commettant à payer des dommages et intérêts à chaque partie civile. Le juge militaire considère donc que l'État est responsable en sa qualité de commettant des FARDC qui ont commis les crimes.

II. La théorie de la socialisation de la responsabilité

Dans la jurisprudence militaire congolaise, le juge militaire fonde l'emploi systématique de la responsabilité civile de l'État congolais sur la théorie de la socialisation de la responsabilité.

Aux termes de cette théorie, toute victime d'accident ou de tout autre dommage doit être indemnisée, peu importe l'origine, de son dommage : qu'il s'agisse d'« *un acte de gestion privée ou d'un acte de gestion publique de l'État* »[289]. Ainsi, l'État bénéficiant de l'activité accomplie pour son compte par ses agents, il est logique et de principe d'équité élémentaire que l'administration publique soit appelée à réparer le mal résultant du service dont il tire profit en tant que maître[290].

Cette responsabilité s'inscrit dans un mouvement général, constaté dans la lecture de la jurisprudence militaire, de « socialisation » des risques qui tend à faire de la puissance publique une sorte d'assureur tous risques des dommages pouvant survenir aux administrés. Cette théorie a pour objectif de se préoccuper des victimes. En effet, pour leur venir en aide, on ne veut pas être arrêté par des conditions d'indemnisation trop rigides. Le juge militaire proclame au contraire que *« la victime a un droit subjectif à la sécurité* et *que le corps social tout entier doit pouvoir la sauvegarder et la garantir contre les nombreux risques de*

---

[289] MBIKAYI Kalongo, *Responsabilité civile et socialisation des risques en Droit Zaïrois*, *op.cit.*, p.147.

[290] HCM, 1er janvier 2004, *MP c/Col ALAMBA et consorts*, Affaire RP 001/2004.

la vie, qu'ils proviennent de l'activité administrative ou non »[291].

Paragraphe II. La mise en œuvre de la responsabilité civile de l'État congolais

Pour établir cette responsabilité, le juge doit relever un dommage (I.) et un lien de causalité entre le dommage, l'agent et l'État congolais (II.).

I. Le dommage

Le dommage résulte de la différence entre la situation dans laquelle la victime se trouve à la suite de la faute et la situation dans laquelle elle se serait trouvée en l'absence d'une telle faute[292]. En RDC, les dommages réparables sont classés en trois catégories : matériel, corporel et moral[293]. Les dommages matériels correspondent à toutes atteintes aux droits et intérêts d'ordre économique et patrimonial. Les dommages corporels regroupent essentiellement les atteintes à la personne physique. En matière de violences sexuelles, le juge militaire qualifie de dommage moral les femmes qui *« ont perdu leur mariage faisant l'objet de mépris, et les autres singulièrement les filles ou mieux les mineurs, la perte de chance de se marier les plongent dans une anxiété inédite. Pour les autres enfin, singulièrement les hommes, la séparation conjugale avec leurs femmes violées, femmes dans lesquelles ils avaient beaucoup investi pendant des décennies »*[294]. Dans cette même affaire, le fait de voir son mariage rompu du fait de l'infraction est un dommage moral : *« Le Tribunal relève que F4 a perdu son*

---

[291] *Ibid.*

[292] ASF, *La réparation des crimes internationaux en droit congolais*, Bruxelles, décembre 2014, p.72.

[293] *Ibid.*

[294] TMG Bukavu, 16 août 2011, Affaire *Maniraguha*, *op.cit.*

mariage, son mari ne veut plus d'elle à cause du viol qu'elle a subi. Ils ne vivent plus ensemble. Elle est tout simplement répudiée ». Dans l'affaire *Mupoke*, le juge militaire retient comme preuve du dommage physique : « *une douleur indéfectible »*[295], à la suite d'un viol.

Pour établir la responsabilité civile de l'État congolais, le dommage doit être lié à l'État et à l'agent « fautif ».

II. L'existence d'un lien entre le dommage, l'agent et l'État

Pour établir la responsabilité civile de l'État congolais, le juge militaire doit apprécier l'existence d'un lien de commettant à savoir l'État avec son préposé qui peut être membre des FARDC, de la police ou des agents de sécurité, et le dommage crée. Le juge militaire note que conformément à la théorie de l'organe et de préposé[296], lorsqu'un organe de l'État agit, c'est l'État lui-même qui agit et par conséquent lorsqu'un agent commet un dommage dans l'exercice de ses fonctions, le dommage causé aux victimes engage civilement l'État[297]. Dans l'affaire *Ankoro*, le juge militaire établit le lien entre l'État en tant que commettant et son préposé, dès lors que l'employé travaille à temps plein, au nom et pour le compte de l'État[298]. Dans l'affaire *Mitwaba*[299], le juge militaire

---

[295] TMG Bukavu, 15 octobre 2012, Affaire *Mupoke*, *op.cit.*

[296] La théorie de l'organe désigne la mise en œuvre de la responsabilité civile d'une personne morale en lieu et place de la responsabilité personnelle de la personne à l'origine de la faute.

[297] KALONGI Mbikayi, *Responsabilité civile et socialisation des risques en Droit Zaïrois*, *op.cit.*, p.158.

[298] Affaire *Ankoro* : *« Certains militaires de la 95ème Brigade dans l'accomplissement de leur mission traditionnelle d'assurer la sécurité des personnes et de leurs biens, incendièrent des maisons d'habitation et de prière ; tuèrent des personnes non engagées dans les hostilités et en blessèrent d'autres ; Que ces militaires sont des préposés de l'Etat congolais, travaillant à temps plein à son nom et pour son compte »*.

[299] CM du Katanga, Affaire *Mitwaba*, *op.cit.*

ajoute que ce lien est matérialisé par un contrat professionnel qui lie le préposé au commettant : « *Attendu que les prévenus furent effectivement les préposés de l'État congolais par le contrat d'engagement professionnel qui les liait à ce dernier ; que les prévenus agirent dans l'exercice des fonctions confiées par l'État ; (...) Qu'ils agirent en outre en ces différentes qualités à l'égard des 95 détenus ; Que les prévenus agissaient au nom et pour le compte de l'État qui les employait* »[300].

L'État ou un particulier peut engager sa responsabilité civile ou répondre comme civilement responsable de ces préposés ou des personnes placées sous son autorité et même des choses sous sa garde[301]. Le préposé peut aussi être un membre d'un groupe armé contrôlé par l'État[302].

Une fois les faits qualifiés de violences sexuelles ainsi que les responsabilités établies, le juge militaire étudie les preuves apportées pour établir la culpabilité ou non du prévenu.

---

[300] *Ibid.*, p.10.

[301] TMG Bukavu, 16 août 2011, Affaire *Maniraghua, op.cit.*

[302] *Ibid.*, « *Que par conséquent, les parties civiles déduisent de ce qui précède que d'abord le Gouvernement congolais a failli à sa mission première d'assurer la sécurité à la population de l'Ituri dont les habitants de Nyankunde et Musedzo, en suite qu'il s'était clairement tissé une relation de commettant et préposés, entre le Gouvernement central de la RDC et ces groupes armés et milices tribales dont les combattants Ngiti du FRPI, laquelle relation en conformité avec l'article 260 du code civil congolais livre III engage irréversiblement et indubitablement la responsabilité civile du commettant qui est le Gouvernement central de la RDC vis-à-vis des préjudices causés aux tiers particulièrement par les combattants Ngiti du FRPI* ».

PARTIE III. L'ÉTUDE DE LA PREUVE EN MATIÈRE DE VIOLENCES SEXUELLES

La preuve permet la condamnation ou non du prévenu et l'accès à la réparation pour les victimes. Il ne suffit pas d'appréhender l'infraction, il faut aussi prouver que la personne poursuivie est réellement responsable du crime qui lui est reproché. Il revient au ministère public de porter le fardeau de la preuve, et il lui incombe de convaincre la Cour ou le Tribunal militaire de la culpabilité de l'accusé.

Au sein de la jurisprudence militaire congolaise, une condamnation pour violences sexuelles suppose la démonstration de l'existence d'un acte de nature sexuelle, la finalité criminelle recherchée par le prévenu et l'usage d'élément coercitif, à savoir la violence, la menace, la contrainte, la surprise ou l'environnement coercitif. Ainsi, l'exigence probatoire se dédouble et suppose la démonstration de l'existence d'un acte de nature sexuelle et d'une atteinte au consentement. Dans la jurisprudence étudiée au cours de cette recherche, la finalité sexuelle du comportement se déduit de la matérialité de l'infraction (l'acte de nature sexuelle atteste de l'intention selon le juge militaire).

La preuve en matière de violences sexuelles est particulièrement difficile. Parce qu'elle repose essentiellement sur la volonté de la victime de participer à la procédure judiciaire. La victime s'engage à subir des examens médico-légaux, puis à témoigner contre les prévenus, souvent des supérieurs hiérarchiques ou des chefs militaires toujours en exercice. En plus, il s'agit d'infractions pour lesquelles il n'est pas toujours aisé de disposer d'éléments matériels et intentionnels permettant de prouver leur réalisation, surtout dans le contexte des crimes internationaux se déroulant en RDC. Les violences sexuelles sont donc soumises à certaines difficultés probatoires plaçant la victime au cœur de la procédure.

Dans cette partie, nous allons exposer les types de preuve retenus en matière de violences sexuelles par le juge militaire congolais (Chapitre I.) et leur appréciation par celui-ci (Chapitre II.).

CHAPITRE I. LES TYPES DE PREUVES RETENUS EN MATIÈRE DE VIOLENCES SEXUELLES PAR LES JURIDICTIONS MILITAIRES CONGOLAISES

Au sein des juridictions militaires, la preuve est régie par le principe de liberté de la preuve. Les partis peuvent rapporter tous les éléments permettant de convaincre le bienfondé de leurs allégations.

Pour reconstituer l'infraction, le juge militaire se repose sur deux types de preuves. La première est le témoignage. Le témoignage est établi par la victime, les témoins et les témoins experts. Le témoignage de la victime de violences sexuelles occupe une place fondamentale, dans le sens où c'est parfois l'unique preuve dont dispose le juge militaire. Le juge militaire fait passer la victime comme premier témoin au cours du procès. Il souligne aussi ses difficultés à témoigner, notamment dues aux traumatismes subis, la peur de représailles, la honte et les stigmas pouvant provenir de la société congolaise[303]. Ainsi, le témoignage de la victime est encadré par des normes de protections (à savoir le huis clos et l'anonymat des victimes) partiellement appliquées par le juge militaire. Le deuxième type de preuve est matériel. Il s'agit par exemple des certificats médicaux, des rapports ou des documents officiels, et des indices (des programmes politiques publiés, des écrits ou des communications de presse, des prises de position publiques, d'articles de propagande). Devant les juridictions militaires, les preuves médicales, comme le prélèvement d'ADN ou l'examen médical après viol, sont quasi inexistantes. Car le contexte de commission des viols (conflit armé, absence de structures sanitaires dans

---

303 FIDH. *RDC- Les victimes de crimes sexuels obtiennent rarement justice et jamais réparation, changer la donne pour combattre l'impunité*, *op.cit.*

plusieurs zones de conflit, réticence des victimes à voir des médecins au moment opportun, le fait qu'un fichier ADN n'est pas tenu, etc.) rend difficile, voire impossible, l'obtention pertinente de preuves médicales.

Au regard de la place importante qu'occupe le témoignage de la victime au cours du procès, l'analyse de ce témoignage par le juge militaire fait l'objet d'une première section (Section I.), suivie de l'analyse des autres preuves (Section II.).

Section I. Le témoignage de la victime de violences sexuelles

Au regard de la jurisprudence analysée au cours de cette recherche, le juge militaire semble favoriser la place de la victime lors des procès, en tenant compte de la spécificité des conséquences des violences sexuelles sur elle. Mais, il existe des exceptions où la place de la victime est remise en question. Le juge militaire a donc une position ambivalente devant le témoignage des victimes de violences sexuelles (Paragraphe I.). Toutefois, conformément au droit international pénal, il essaye de protéger ce témoignage (Paragraphe II.).

Paragraphe I. La position paradoxale du juge militaire face au témoignage de la victime

Dans la jurisprudence militaire, on constate que le juge donne une place prépondérante au témoignage de la victime (I.), mais d'un autre côté il reste « méfiant » sur ce témoignage (II.).

I. La reconnaissance de la place prépondérante du témoignage de la victime

Le témoignage comme mode de preuve a une fonction manifeste pour contrer les dénégations de la défense. Ainsi, le contexte lié à la commission des violences sexuelles donne à la preuve testimoniale de la victime une place fondamentale pour attester la commission du crime. Pour le ministère public représentant les victimes, la preuve testimoniale est souvent l'unique preuve dont il dispose pour attester la commission du crime[304]. De son côté, le juge militaire confère aux témoignages des victimes une place prépondérante au cours des procès où elles prennent directement la parole. La victime a le droit de témoigner au cours du procès et de demander la réparation de ses préjudices. Dans cette seconde hypothèse, elle participe donc au procès en tant que partie civile[305] et témoin.

Dans l'affaire *Songo Mboyo*[306], il faut relever l'argumentaire du juge militaire sur les difficultés pour la victime de témoigner : *« Attendu cependant que contrairement à la défense l'atteinte sexuelle est une des choses les plus difficiles à signaler à cause du contexte socioculturel. Dans presque toutes les sociétés, une femme, un homme ou un enfant qui porte des allégations des viols, de violence ou d'humiliation sexuelle a beaucoup à perdre*

---

[304] ASF, É*tude de jurisprudence – L'application du Statut de Rome de la CPI par les juridictions de la RDC*, Bruxelles, mars 2009, p.45.

[305] Loi N°023/2002 du 18 novembre 2002 portant code judiciaire militaire, *op.cit.*, art.77 : *« L'action pour la réparation du dommage causé par une infraction relevant de la compétence de la juridiction militaire peut être poursuivie par la partie lésée en se constituant partie civile en même temps et devant le même juge que l'action publique. Il en est de même des demandes en dommages-intérêts formées par le prévenu contre la partie civile ou contre les co-prévenus. Les restitutions des objets s'opèrent suivant le droit commun* ».

[306] *Ibid.*

et risque de faire l'objet d'énormes pressions ou d'ostracisme de la part des membres de sa famille immédiate et de la société en général ; compte tenu de son caractère d'intimité et d'humiliation il paraît trop difficile de réunir pour la réalisation du crime autant des témoignages possibles, c'est ainsi, au regard de cette difficulté de la victime de l'infraction passe pour premier témoin parce qu'ayant vécu elle-même le fait ; s'agissant de la faillibilité de certains témoignages des victimes d'agression sexuelle il est vrai que les victimes pour éviter de revivre les moments pénibles ou encore par gêne ou par honte se taisent de certaines choses ou encore éprouvent d'énormes difficultés à se remémorer fidèlement certains épisodes de ce qu'elles ont vécues et confondent les lieux ou les dates ou ajoutent d'autres détails qui leur viennent à l'esprit à mesure qu'elles se sentent en confiance. Cette attitude peut donner à tort l'impression que les témoignages ne sont pas fiables voire qu'ils ne sont pas crédibles. Il en est de même de celles qui peuvent ressentir le besoin d'en rajouter le plus possible pour que leur histoire fasse forte impression et soit cruelle. Il appartient donc au juge de fond de filtrer les témoignages en se débarrassant des choses exagérément déclarées »[307]. Les victimes de violences sexuelles endurent de graves traumatismes physiques et psychologiques, souffrant d'un syndrome traumatique du viol et d'un trouble de stress post-traumatique[308]. Les difficultés rencontrées par les victimes au sein des procédures judiciaires entraînent le silence des victimes, l'absence de témoignage, l'appauvrissement de la preuve et, enfin, l'impunité des auteurs de ces crimes. Les juridictions militaires ont édicté des mesures visant à

---

[307] TMG Mbandaka, 7 juin 2006, *Affaire Songo Mboyo*, *op.cit.*, p.27-28.

[308] PICOLO Irene, *The Crime of Rape in International Criminal Law*, La Haye, International Courts Association, 2013, p.50.

favoriser et à faciliter la poursuite des individus ayant commis des crimes de violences sexuelles, en tenant compte de leurs spécificités et des particularités des témoignages des victimes.

Lorsqu'une des victimes s'était contredite dans ses dépositions, le tribunal a considéré que *« le besoin exprimé par la victime de rajouter le plus possible le nombre d'agresseurs pour donner au fait forte impression et soit crue des juges ne signifie pas forcément que le témoignage raconte les mensonges, il appartient donc au juge d'apprécier la valeur du témoignage en filtrant les choses qui ont été exagérées. Dans le cas sous examen, le tribunal retient seul pour vrai le viol commis par le prévenu [...] écartant des commentaires et rajouts [...] sujets à contradiction »*[309].

En dépit de sa position en faveur du témoignage de la victime, le juge militaire émet quelques réserves sur certains témoignages.

II. La méfiance du juge militaire envers le témoigne de la victime

La jurisprudence militaire montre une certaine méfiance du juge militaire sur les témoignages de certaines victimes.

Toujours dans l'affaire *Songo Mboyo*, le juge militaire refuse de reconnaître l'existence d'un statut de témoin, estimant que cette victime ne saurait témoigner dans sa propre cause[310], alors qu'il reconnaît ce statut à d'autres victimes dans la même affaire. Il prive ainsi une victime de témoigner sans motiver sa décision[311]. Dans l'affaire *des Mutins de Mbandaka*[312], les viols semblent établis *(« Des*

---

309 *Ibid.*

310 *Ibid.*

311 *Ibid.*

312 TMG Mbandaka, 20 juin 2006, Affaire *Des Mutins de Mbandaka, op.cit.*

certificats et rapports médicaux [...] font état de 6 décès, 12 blessés et 46 victimes de viol »)[313], le juge miliaire a condamné la plupart des auteurs sur la base des témoignages des victimes, mais il a aussi décidé, pour un des auteurs présumés, que *« dans le cas sous examen, la description physique du prévenu faite par les victimes ne suffit pas pour spécifier le prévenu parmi tant d'autres [...] et que devant cette situation, le tribunal se trouve devant un doute qui en principe ne peut que profiter au prévenu »*[314]. On regrettera qu'ils aient en partie justifié cette décision en considérant qu'*« en ce qui concerne les victimes d'agression sexuelle, les dépositions des victimes en reconnaissance de leurs agresseurs doivent être prises avec beaucoup de réserve, car il a été suffisamment démontré que la quasi-totalité paraît plus erronée que juste »*[315].

Dans l'affaire *Safari Kizungu*[316], le juge militaire justifie sa méfiance envers certains témoignages de victimes de violences sexuelles. En l'espèce, au mois de mars 2006 à Matili, une femme est appréhendée par des militaires du colonel Safari Kizungu, menant une opération militaire dans la localité. Cette femme a été acheminée auprès de la résidence du colonel Safari et transformée en « chambre de maison ». Elle a été relaxée quatre jours après moyennant l'obtention d'un laissez-passer. La victime accusait le colonel Safari de viol durant son séjour. Le Colonel Safari Kizungu a été interpellé à l'Auditorat militaire supérieur du Sud-Kivu à Bukavu. Il a nié les faits. Entre le 25 août et le 04 septembre 2009, une équipe d'enquête est descendue dans la localité en question. Elle a entendu des témoins. La Cour constate que les allégations de la victime ne sont

---

313 *Ibid.*
314 *Ibid.*
315 *Ibid.*, p.22.
316 CM Kinshasa, 21 octobre 2013, *Arrêt Colonel Safari*, RP72/2011/ RMP 084.

corroborées par aucun élément de preuve à charge, telles que les témoignages et rapports médicaux. La cour affirme que *« le viol allégué par elle ne fut pas un acte furtif commis à l'insu de quiconque, mais il s'est réalisé à travers des nombreux rapports sexuels que les deux partenaires ont eus pendant quatre jours dans la résidence officielle du prévenu SAFARI »*[317]. *« Pendant cette cohabitation, dame (...) dit qu'elle a été traitée comme une « femme de la maison ». Ce qui voudrait dire qu'elle a été traitée comme une épouse. S'il en fut ainsi, force est de constater que les faits se sont passés au vu et au su de l'entourage du Colonel et qu'elle-même avait la possibilité de contacter les membres de sa famille résidant à SHABUNDA-centre »*. La cour conclut *« de ce qui précède, leurs rapports sexuels auraient été de notoriété publique et les personnes en mesure d'en témoigner auraient été nombreuses »*[318]. Avant le procès, la victime *« s'était rétractée dans l'entretemps et elle affirmait à présent qu'elle avait menti sur le viol imputé au colonel SAFARI, lequel en réalité n'a jamais eu lieu »*[319]. *« Au motif qu'elle avait été induite en erreur par un activiste des droits de l'homme lui faisant nourrir l'espoir d'une rétribution financière de la part des ONG engagées dans la lutte contre les violences sexuelles »*[320]. De ce motif, le juge militaire développe un argumentaire assez troublant sur le travail de certaines ONG en RDC. Selon lui, pour répondre aux exigences des bailleurs des fonds, certaines ONG de protection des droits de l'Homme dénoncent de multiples cas de viols, mais dont elles sont incapables d'apporter les preuves[321]. Certaines ONG demandent aux

---

[317] *Ibid.*
[318] *Ibid.*
[319] *Ibid.*
[320] *Ibid.*
[321] *Ibid.*, En l'espèce dans l'affaire *Safari* : *« la Cour relève que les faits dont elle est saisie reposent uniquement sur la lettre plainte de l'AED »*.

victimes d'établir un faux témoignage moyennant une certaine somme[322]. Certaines femmes se sont senties obligées de se présenter comme des victimes de viol afin d'accéder aux services de base et de financement particulier pour lutter contre les violences sexuelles. Le juge militaire note que les allégations de viol sont devenues une stratégie d'extorsion et de négociation particulièrement efficace[323].

Dans le cadre de cette recherche, le problème des allégations de viol servant de monnaie d'échange a été soulevé lors d'entretiens avec plusieurs personnes, tant du personnel militaire que des organisations locales[324]. Ces fausses allégations sont courantes à l'est de la RDC. Elles ont pour objectif d'obtenir des résultats rapides sur la répression nationale et internationale contre les violences sexuelles en RDC[325].

En outre, la répression nationale et internationale sur les violences sexuelles en RDC permet à des ONG et des personnes civiles de porter de fausses allégations comme stratégie de revenu. Bien que cela soit certainement troublant, ces cas sont des exceptions portant préjudice aux victimes de violences sexuelles.

---

[322] ASF, *Recueil de jurisprudence congolaise en matière de crimes internationaux*, *op.cit.*, p.244.

[323] BAAZ Maria Eriksson, STERN Maria, *Sexual violence as a weapon of war ?: Perceptions, prescriptions, problems in the Congo and beyond (Africa now)*, Londres, Zed Books, 2013, p.101.

[324] Entretien mené avec l'ONG *Matumani* dans la cadre de la rédaction de l'ouvrage.

[325] *Ibid.*, *op.cit.*, p.103 : *« Les fausses allégations en matière de violences sexuelles en RDC concernent des cas où une fille d'un peu moins de 18 ans accuse son petit ami appartenant au FARDC avec qui elle avait eu des relations sexuelles consensuelles et les parents de la fille étaient les accusateurs ; ou de femmes qui ont des relations sexuelles avec des hommes afin de pouvoir les accuser de viol ».*

Paragraphe II. La protection des victimes de violences sexuelles

Les jugements analysés lors de cette recherche illustrent une lente application des mesures de protection des victimes (I.) remises en question par l'intimidation qu'elles continuent de subir (II.).

I. La lente application des mesures de protection des victimes de violences sexuelles

Le RPP et la Loi de 2006 contiennent des mesures assurant la protection et la sécurité des victimes[326]. Entre autres, le juge militaire peut prendre des mesures pour protéger la sécurité et la vie privée des victimes avec une

---

[326] CPI, *Statut de Rome*, art.68 : « *1. La Cour prend les mesures propres à protéger la sécurité, le bien-être physique et psychologique, la dignité et le respect de la vie privée des victimes et des témoins. Ce faisant, elle tient compte de tous les facteurs pertinents, notamment l'âge, le sexe tel que défini à l'article 7, paragraphe 3, et l'état de santé, ainsi que la nature du crime, en particulier, mais sans s'y limiter, lorsque celui-ci s'accompagne de violences à caractère sexuel, de violences à caractère sexiste ou de violences contre des enfants. Le Procureur prend ces mesures en particulier au stade de l'enquête et des poursuites. Ces mesures ne doivent être ni préjudiciables ni contraires aux droits de la défense et aux exigences d'un procès équitable et impartial. 2. Par exception au principe de la publicité des débats énoncé à l'article 67, les Chambres de la Cour peuvent, pour protéger les victimes et les témoins ou un accusé, ordonner le huis clos pour une partie quelconque de la procédure ou permettre que les dépositions soient recueillies par des moyens électroniques ou autres moyens spéciaux. Ces mesures sont appliquées en particulier à l'égard d'une victime de violences sexuelles ou d'un enfant qui est victime ou témoin, à moins que la Cour n'en décide autrement compte tenu de toutes les circonstances, en particulier des vues de la victime ou du témoin. 3. Lorsque les intérêts personnels des victimes sont concernés, la Cour permet que leurs vues et préoccupations soient exposées et examinées, à des stades de la procédure qu'elle estime appropriés et d'une manière qui n'est ni préjudiciable ni contraire aux droits de la défense et aux exigences.*

audience à huis clos[327]. Elle peut être tenue pour des motifs d'ordre public ou de bonnes mœurs, pour assurer la sécurité et la protection d'une victime, ou en considération de l'intérêt de la justice. De plus, le juge militaire peut statuer la non-divulgation de l'identité d'une victime au motif que la victime risque un danger ou court des risques dus à cette divulgation.

Dans les premières affaires comme *Songo Mboyo* en 2006 ou encore *Waka Lifumba* en 2007, aucune norme pour protéger les victimes n'a été appliquée. Dans ces deux affaires, les noms et prénoms des victimes sont explicitement mentionnés dans le jugement. Malheureusement, ces mesures ont longtemps été ignorées aussi bien par l'organe de poursuite que par l'organe décisionnel, et ce, avec d'importants risques pour les victimes de subir des représailles de la part de certains prévenus en liberté, ou encore d'être exposées à la discrimination ou stigmatisation au sein même de leur communauté ou pour les femmes, de la part de leurs conjoints[328].

Il faut noter que les affaires étudiées postérieures à 2010 présentent une amélioration dans l'application de ces normes de sécurité envers les victimes de violences sexuelles. Ainsi, dans l'affaire *Lemera*[329] de 2011, le juge militaire établit l'anonymat des victimes en supprimant leurs noms de l'instruction et du jugement[330]. Elles sont

---

[327] MUTATA LUABA Laurent, *Droit pénal militaire congolais*, Kinshasa, SDE du MJDH, 2012, p.44-45.
[328] TMG Uvira, 30 octobre 2020, Affaire *Lemera*, *op.cit.*, *« Il en est de même de la dame (...) qui était devenu enceinte après l'acte commis sur elle par le prévenu MAMBWE Justin, ne sachant pas exactement l'auteur de la grossesse étant donné qu'elle a eu des rapports intimes libres avec son mari et forcés avec le violeur le même jour de la conception et a été par la suite répudiée du toit conjugal ».*
[329] HCM, 30 octobre 2008, Affaire *Lemera*, *op.cit.*
[330] *Ibid.*

nommées *« Dames »*[331]. Dans l'affaire *Mupoke* de 2012, les victimes sont anonymes, en plus d'être voilées et de porter des lunettes fumées au cours du procès[332]. La récente affaire *Minova*[333] de 2014 confirme cette nouvelle tendance du juge militaire à se conformer aux normes protectrices des victimes de violences sexuelles. Les audiences se sont tenues à huis clos et l'identité des victimes n'a pas été révélée. Le juge militaire a pris les mesures nécessaires pour garantir la confidentialité des identités et des adresses des victimes[334]. Les photographies ou l'enregistrement ne sont permis qu'avec le consentement de la victime. Le juge militaire a couvert par le secret professionnel les informations divulguées par les médecins, psychologues, prêtres et religieux qui ont pris en charge les victimes. Le

---

[331] *Ibid., « En cette date, sieurs (...) ont accompagné les dames (...) pour retourner à mi-chemin. Sieur (...), aveugle, confia son jeune frère d'accompagner son épouse (...) à mi-chemin. Sieur (...) qui accompagnait ses cousines (...), a été surpris de voir les militaires venir vers eux au niveau de l'école de KISHAGALA et réussira de s'enfuir. C'est à ce niveau que furent capturées les dames (...), l'aveugle, (...) par des militaires FARDC, non autrement identifiés, les traitant d'être femmes de leurs ennemis FDLR et les reprochant d'avoir cédées leurs filles comme femmes de ces derniers ».*

[332] CM Bukavu, 30 mai 2013, Affaire *Mupoke, op.cit.,* : *« [Le juge militaire a] ordonné que ces personnes soient identifiées et appelées par les parties au procès, selon qu'elles sont de sexe féminin sous la lettre « F1 » ainsi de suite et de sexe masculin sous la lettre « M1 » ainsi de suite, et doivent toutes être voilées et portent de lunettes fumées d'où le Tribunal avait décrété le huis-clos, particulièrement lorsque les victimes de viol devraient comparaître ».*

[333] CM Goma, 5 mai 2014, Affaire *Minova.*

[334] HRW. *La justice en procès, Enseignements tirés de l'affaire des viols de Minova en RDC.* [Ressources électroniques] 1er octobre 2015. Non paginé. Disponible sur : https://www.hrw.org/fr/report/2015/10/01/la-justice-en-proces/enseignements-tires-de-laffaire-des-viols-de-minova-en [consulté le 20/08/2020].

juge militaire va même plus loin en autorisant la délocalisation du procès si nécessaire[335].

II. L'intimidation perpétuelle des victimes de violences sexuelles avec l'affaire *Cheka*

Le recueil du témoignage des victimes de violences sexuelles est particulièrement difficile. Car, les victimes craignent des représailles ou ont honte d'être rejetées par leurs familles ou leurs proches. Ainsi la plupart des victimes de violences sexuelles préfèrent garder le silence.

L'affaire *Cheka*[336] ,en instance de jugement, illustre nos propos. En l'espèce, le groupe armé Nduma Défense du Congo (NDC)[337], dont le chef est Cheka, poursuivi pour viols massifs constitutifs de crimes contre l'humanité, aurait commis des crimes contre les populations civiles de Walikale, à l'est de la RDC. Cheka était sous un mandat d'arrêt délivré en 2011. Le 26 juillet 2017, il s'est rendu aux autorités de la MONUSCO qui l'ont envoyé devant les autorités militaires congolaises. Le juge militaire l'a transféré à Goma en novembre 2018, en vue de l'ouverture de son procès. Cheka est donc resté en fuite pendant plus de six ans tandis que son groupe armé NDC continuait de commettre de graves crimes. Les audiences en cours sont un défi pour la protection des victimes. Car, Cheka compte de nombreux « compagnons » dans la province, ce qui provoque des craintes quant à la sécurité des victimes et des acteurs locaux qui ont travaillé sur cette affaire. Bien qu'il soit en prison, il a encore la possibilité d'influencer ou de

---

[335] *Ibid.*

[336] CM Goma, 20 décembre 2018, Affaire *Cheka et al,* Examen des requêtes préliminaires, RP 055, RP 0191/17, RP 0255, RP 0270, RP 0271, RP 0272/19 (cause ajoutée lors de l'audience du 10 janvier).

[337] Nduma Défense du Congo est une branche armée du groupe Maï-Maï crée en 2009 par Ntabo Ntaberi Sheka. La NDC opère dans l'est de la RDC dans le cadre du conflit du Kivu. Ils se battent essentiellement contre les groupes rebelles soutenus par le Rwanda.

s'en prendre aux victimes, car il reçoit des visites et a la possibilité d'émettre des appels téléphoniques. Son autorité sur les territoires de Walikale où vivent de nombreuses victimes est toujours aussi forte. La comparution des victimes ne s'est pas faite sans difficulté selon l'ONG TRIAL[338]. À l'approche de leur comparution, les victimes ont été menacées[339]. Un plan de protection a été établi entre le TMG de Goma et l'ONG TRIAL[340] : « *Au sein du Cadre de Concertation du nord Kivu, le groupe en charge de la protection a immédiatement organisé leur relocalisation et renforcé leur protection* »[341]. Cette prise en charge a permis le témoignage de huit victimes devant la cour, deux femmes ayant accepté de faire face aux prévenus. Leurs récits ont particulièrement marqué la Cour et ont permis d'exposer les viols massifs auxquels le groupe avait systématiquement recours[342]. Nonobstant, la majorité des témoins a renoncé à comparaitre, par crainte de représailles.

Section II. Les autres preuves

Les autres preuves abordées par le juge militaire sont celle des témoins et l'aveu du prévenu (Paragraphe I.) ainsi que les preuves matérielles (Paragraphe II.).

---

338 TRIAL. *Six mois après son ouverture, point sur le procès Cheka en RDC.* [Ressource électronique]. Genève, 11 juin 2019. Non paginé. Disponible sur : https://trialinternational.org/fr/latest-post/six-mois-apres-son-ouverture-le-point-sur-leproces-sheka-en-rdc/ [consulté le 20/08/2020].

339 *Ibid.*

340 *Ibid.*

341 TRIAL. *Six mois après son ouverture, point sur le procès Cheka en RDC, op.cit.*

342 CM Goma, 20 décembre 2018, Affaire *Cheka et al, op.cit.*

Paragraphe I. Les témoins et l'aveu du prévenu

Le juge militaire fait appel au témoignage des témoins directs et indirects et de l'expert (I.), ainsi qu'à l'aveu recueilli de manière légale (II.).

I. Le témoin direct, indirect et l'expert

Devant le juge militaire, la comparution du témoin est régie par l'article 249 du CJM[343]. Selon le juge militaire, le témoin n'a pas d'obligation de prêter serment et ses déclarations sont considérées comme de simples renseignements[344]. Toutefois, le témoin a une obligation de comparaître devant le juge militaire[345]. La déposition d'un seul témoin ne vaut témoignage. Pour que le témoignage soit retenu, il faut en effet qu'il soit corroboré par d'autres témoignages similaires attestant les éléments constitutifs du crime[346].

---

[343] Loi N°023/2002 du 18 novembre 2002 portant code judiciaire militaire, *op.cit.*, art.249 : *« Le président est investi d'un pouvoir discrétionnaire pour la direction des débats et la découverte de la vérité. Il peut, au cours des débats, faire apporter toute pièce qui lui paraît utile à la manifestation de la vérité et appeler, par des mandats de comparution ou d'amener, toute personne dont l'audition lui paraît nécessaire. Si le Ministère Public ou le conseil du prévenu sollicite au cours des débats l'audition de nouveaux témoins, le président décide si ces témoins doivent être entendus. Les témoins ainsi appelés ne prêtent pas serment et leurs déclarations sont considérées comme de simples renseignements ».*

[344] *Ibid.*

[345] *Ibid.*

[346] TMG Mbandaka, 18 février 2007, Affaire *Lemera, op.cit. : « Qu'en outre, la défense soutient que la déposition d'un seul témoin ne vaut témoignage ; Attendu que cependant en matière pénale le juge apprécie les moyens de preuve qui lui sont soumis, ce, en vertu du principe de la liberté de preuve en matière pénale. Qu'en l'espèce les aveux des inculpés en fuite, les déclarations de toutes les victimes de la présente cause, la déclaration du chef de localité LIKUNDJU LIKIYO HUBERT, chez qui les assaillants avaient installé leur état-major général ; les déclarations de toutes les autorités politico*

Le juge militaire traite différemment le témoin direct, à savoir la personne ayant assisté à la commission du crime et le témoin indirect qui rapporte des faits dont il n'a pas été personnellement témoin.

Le témoin indirect est le fait pour un témoin de rapporter devant le juge des faits dont il n'a pas eu personnellement connaissance et qui, en réalité, lui ont été rapportés par une tierce personne. Cette preuve est aussi appelée la preuve par ouï-dire. Pour le témoin indirect, il faut évaluer sa source. La qualité de la preuve de l'intermédiaire sera admise en fonction de la fiabilité de la source[347]. De par sa nature, elle est censée être dénuée de toute fiabilité, car la personne dont les propos sont rapportés n'est soumise à aucun contre-interrogatoire. La preuve par ouï-dire est admissible en tenant compte de la fiabilité de la source devant le juge militaire. À la CPI, les juges de première instance ont un comportement réticent sur la recevabilité de la preuve du témoin indirect. Dans l'affaire *Mathieu Ngudjolo Chui*, les juges de la CPI affirment qu' *« en ce qui concerne la fonction que Mathieu Ngudjolo aurait réellement occupée à la veille de l'attaque de Bogoro, la Chambre relève que, si certains témoins confirment, en substance, que l'accusé était le chef de la milice de Bedu-Ezekere, tous, à l'exception de P-28 et P-317, le font par ouï-dire, et ce, sans qu'aucun d'entre eux n'ait été présent dans le groupement de Bedu-Ezekere avant cette attaque. Elle entend également souligner que ces propos obtenus par ouï-dire doivent être considérés avec la plus grande prudence, dans la mesure*

---

administratives de LIKAKO et INGANDA, attestent vraisemblablement les éléments matériels sus-évoqués ; et que le prévenu BAENDE LONGILIMA avait reconnu à l'audience publique de WAKA, d'avoir vu ses compagnons d'équipe d'avance escorter dix chèvres des victimes ».

[347] ASF, Affaire *Cheka et al.,* Début de l'examen de préventions de vol avec violence, participation au mouvement insurrectionnel NDC et viol, 22 mars 2019.

où, de surcroît, ils ont trait à une question qui revêt une importance essentielle pour la cause du Procureur. Elle observe sur ce point que les témoins concernés n'ont donné aucun autre détail sur l'autorité dont aurait alors, selon eux, disposé Mathieu Ngudjolo pas plus que sur la manière dont il l'exerçait. Elle ne peut également exclure que certains témoins aient associé le statut de Mathieu Ngudjolo au sein du PNI à la fin du mois de mars 2003 à la position qu'il occupait réellement avant l'attaque de Bogoro. Pour toutes ces raisons, la Chambre ne peut donc accorder à leur propos qu'une très faible valeur probante »[348].

Le juge militaire sollicite des experts au cours des audiences. Dans ce cas, il s'intéresse à la qualification de la personne et à ses méthodes scientifiques pour apprécier l'objectivité du fait soumis au juge militaire. La Loi congolaise oblige le juge militaire à avoir recours à un médecin généraliste[349] ou à un psychologue. Mais, il n'en est rien pour le médecin légiste ou le psychiatre. En effet, tenant compte du fait que ces spécialisations sont rares en RDC, le législateur a volontairement exclu le recours de ces deux derniers médecins. À défaut du médecin légiste ou psychiatre, les médecins généralistes et les psychologues sont toujours en mesure de prêter leur ministère aux juges militaires. Toutefois, les premiers jugements des juridictions militaires attestent l'absence de témoin médecin. C'est le cas par exemple de l'affaire *Songo Moboyo*. Mais, il y a de plus en plus d'exceptions dans les récentes affaires, telles que *Waka Lifumba* : *« La comparution du médecin-chef de zone BASANKUSU (...) à l'audience publique de MBANDAKA atteste que la*

---

[348] CPI, *Le Procureur c. Mathieu Ngudjolo Chui*, Affaire N° : ICC-01/04-02/12, Jugement rendu en application de l'article 74 du Statut de Rome, 18 décembre 2012.

[349] Loi n° 06/019 du 26 juillet 2006, *op.cit.*, art.14.

multiplicité des assaillants avait imposé la conjonction sexuelle aux femmes et filles des localités pré rappelées »[350].

Sur ce type de preuve, le juge militaire dénonce certaines pratiques de la défense ou du ministère public visant à corrompre le médecin. Le juge militaire remarque que certaines parties du procès font grief aux médecins de ne pas leur faciliter la tâche, notamment en ne donnant pas une réponse claire sur le fait de savoir s'il y a eu viol ou pas[351]. *In fine*, selon le juge militaire, la qualification du viol est un acte éminemment judiciaire, du ressort de la seule autorité judiciaire[352]. Le juge militaire insiste donc sur l'idée que le médecin n'a pas pour mission de qualifier le crime, mais d' *« apprécier l'état de la victime, déterminer les soins appropriés et évaluer le préjudice ainsi que son aggravation ultérieure »*[353]. Dans la jurisprudence du TPIR, cette question a fait l'objet de quelques précisions. Pour protéger l'autorité du juge, la TPIR conçoit que *« ce n'est pas à l'expert de dire si oui ou non l'accusé est coupable »*[354]. La position du juge militaire est donc conforme au droit international pénal.

---

[350] TMG Mbandaka, 18 février 2007, Affaire *Waka Lifumba, op.cit.*

[351] TMG Bukavu, 15 octobre 2012, Affaire *Mupoke, op.cit.*

[352] *Ibid.*

[353] Loi n° 06/019 du 26 juillet 2006., *op.cit.,* art.14.

[354] TMG Bukavu, 15 octobre 2012, Affaire *Mupoke, op.cit.* ; Voir aussi TPIR, 11 novembre 2003, *Le Procureur c. Sylvestre Gacumbitsi*, Affaire No ICTR-2001-64-T, Décision relative aux témoins experts de la défense (Chambre de première instance III), para.8: *« S'agissant des témoins experts en général, la Chambre rappelle qu'elle a seule le pouvoir d'attribuer une telle qualité au vu des éléments présents par les parties, et qu'elle a aussi le pouvoir d'accepter ou de rejeter, en tout ou en partie, la contribution d'un témoin expert. Par ailleurs le témoin expert en apportant l'éclairage du spécialiste, doit le faire dans la plus stricte neutralité en respectant l'objectivité scientifique ».*

II. L'aveu du prévenu

L'aveu est une déclaration par laquelle une personne reconnaît en partie ou en totalité avoir commis une infraction. On distingue deux sortes d'aveux suivant qu'ils ont été faits en dehors ou dans la procédure judiciaire. Les premiers sont les aveux extrajudiciaires et les seconds sont les aveux judiciaires. Le juge militaire reconnaît uniquement l'aveu judiciaire. Concernant l'encadrement juridique de l'aveu, il existe un vide juridique sur cette thématique en droit congolais. En effet, ni le CPM, ni le CJM, ni le CP ne définit et n'encadre la procédure sur l'aveu. Le juge militaire se réfère au régime de l'aveu de la CPI. Ainsi, le *Statut de Rome,* notamment dans son article 65, prévoit que lorsque l'accusé reconnaît sa culpabilité la Chambre de première instance va au préalable examiner trois éléments : *« a) Si l'accusé comprend la nature et les conséquences de son aveu de culpabilité ; b) si l'aveu de culpabilité a été fait volontairement après consultation suffisante avec le défenseur de l'accusé ; et c) Si l'aveu de culpabilité est étayé par les faits de la cause tels qu'ils ressortent : i) Des charges présentées par le Procureur et admises par l'accusé ; ii) De toutes pièces présentées par le Procureur qui accompagnent les charges et que l'accusé accepte ; iii) De tous autres éléments de preuve, tels que les témoignages, présentés par le Procureur ou l'accusé ».*

L'affaire *Mupoke* a été l'occasion pour le juge militaire de préciser son interprétation sur la rétractation de l'aveu par le prévenu. Cette situation vise un prévenu qui, après avoir fait des aveux complets devant l'OPJ, se rétracte par la suite devant le procureur ou devant le Tribunal. Le juge militaire affirme qu'*« il a été également arrêté que l'infraction mise à la charge des prévenus sera dite établie sur la base de l'analyse des différents éléments recueillis au cours de l'instruction, notamment les aveux devant l'officier de police judiciaire ainsi que leurs dénégations ultérieures, ces dénégations ne constituent qu'un système réfléchi de défense élaborée et conçue ultérieurement dans l'unique but de se disculper »*[355]. En outre, pour le juge militaire les dénégations sont une preuve de culpabilité. Selon lui, il arrive très souvent en effet que des prévenus reviennent sur des déclarations qu'ils avaient faites instinctivement lors d'une phase préalable. Lorsque ces aveux surviennent à l'audience, de tels revirements doivent être analysés et confrontés aux autres éléments révélés par l'instruction. Le juge militaire décide d'accorder plus de crédit à un aveu fait devant l'OPJ plutôt qu'à sa rétractation ultérieure en audience publique.

Enfin sur l'aveu, il ne faut pas éluder le fait que certaines juridictions militaires recourent parfois à la torture en vue d'avoir des aveux. Ainsi, dans l'évaluation des aveux recueillis lors de l'enquête préliminaire, le juge militaire fait preuve de circonspection, car il n'est pas exclu que ces aveux aient résulté de la contrainte. Les procès-verbaux contenant de tels aveux doivent être déclarés nuls et de nul effet, en vertu du principe selon lequel *« toute déclaration dont il est établi qu'elle a été obtenue par la torture ne peut être invoquée comme élément de preuve dans une procédure, si ce n'est contre la personne accusée de torture pour établir qu'une telle déclaration a été faite »*[356].

Paragraphe II. Les preuves matérielles

Le juge militaire peut fonder sa conviction sur des preuves matérielles pour conclure à la culpabilité ou non du

---

355 *Ibid.*

356 TMG Bukavu, 16 août 2011, Affaire *Maniraguha, op.cit.* ; HCDH, *Convention contre la torture et autres peines ou traitements cruels, inhumains ou dégradants,* Résolution 39/46, New York, 10 décembre 1984, art.15.

prévenu, à condition de respecter le principe de légalité dans l'administration de la preuve. Le juge militaire se réfère à la preuve médico-légale (I.) et aux preuves documentaires et indices (II).

I. La preuve médico-légale

Lors de l'enquête préliminaire, l'OPJ demande un examen médico-légal pour obtenir des preuves scientifiques[357]. Les preuves médico-légales peuvent être utilisées pour étayer le récit d'une victime, confirmer un contact sexuel récent, démontrer l'usage d'éléments coercitifs et identifier éventuellement le prévenu. Elles doivent être collectées le plus tôt possible après la violence (dans les 72 heures) pour déterminer la gravité du préjudice subi par la victime. Le fait de documenter les blessures et de prélever les échantillons (sang, cheveux, salive, et sperme, etc.) dans les 72 heures qui suivent l'agression peut contribuer à confirmer le récit de la victime et à identifier le prévenu[358].

L'expertise médico-légale en matière de violences sexuelles est régie par l'article 14 bis de la Loi de 2006. Cet article dispose : *« Conformément aux articles 48 et 49 ci-dessous, l'officier du ministère public ou le juge requiert d'office un médecin et un psychologue, afin d'apprécier l'état de la victime des violences sexuelles et de déterminer les soins appropriés ainsi que d'évaluer l'importance du préjudice subi par celle-ci et son aggravation ultérieure ».* Le juge militaire distingue le rapport du médecin et le certificat médical.

Le rapport du médecin est une évaluation de la gravité des violences et de l'état psychologique de la victime. Le

---

[357] Ministère de la santé public – RDC, *Rapport des prestataires de soins de santé dans la prise en charge des survivantes/victimes de violences sexuelles et basées sur le genre*, Kinshasa, 2012, p.123.

[358] *Ibid.*

rapport du médecin et du psychologue sont des éléments importants pour les juges dans l'évaluation des dommages-intérêts à allouer à la victime. Ainsi, en tant qu'instrument probatoire, *« le rapport médical/psychologue constitue un instrument de légitimation de la décision de justice. Le rapport médical et/ou du psychologue démontre que le rapport sexuel imposé a causé à la victime une altération grave de sa santé et/ou a laissé de séquelles physiques et/ou psychologiques graves, permet au juge de doubler le minimum de la peine »*[359].

Le certificat médical est une preuve médico-légale[360]. Il incombe au prestataire de soins reconnu par l'OPJ d'examiner la victime et de s'assurer qu'un certificat est établi. Le certificat médical est un document médical confidentiel que le médecin doit remettre à la victime. Le certificat médical permet de confirmer les faits[361]. Dans l'affaire *Mupoke*, le juge militaire déduit des infections sexuellement transmissibles contractées par les victimes — retranscrites dans le certificat médical, la réalité des violences sexuelles. En fonction du contexte, la victime peut utiliser le certificat dans un délai de 20 ans maximum suivant l'agression pour engager des poursuites judiciaires ou obtenir une compensation. Le prestataire de soins doit en garder une copie avec le dossier de la victime afin de pouvoir attester de l'authenticité du document fourni par la victime devant le tribunal. En revanche, la victime est la seule personne en droit de décider de l'utilisation de ce document. Avec son accord, le certificat médical est transmis aux services juridiques ou aux organismes.

---

[359] *Ibid. ;* Loi 024-2002 du 18 novembre 2002 portant CP, *op.cit.*, art.171 bis.

[360] *Ibid.*

[361] TMG Uvira, 30 octobre 2010, Affaire *Lemera*, *op.cit.*, en l'espèce, il est constamment confirmé par les victimes et témoins, ainsi que le rapport médical établi le lendemain de l'acte établi à l'hôpital, que les faits ont été commis le samedi 8 août 2009.

II. Les preuves documentaires et les indices

La preuve étant libre, il ne saurait être exigé une forme particulière de preuve. La preuve documentaire présente souvent un avantage d'objectivité. La preuve documentaire comprend des écrits ou des supports audiovisuels officiels. Les juges militaires ont souvent affaire à des rapports officiels de l'ONU et la MONUSCO. Puis des rapports d'ONG telles que ASF, TRIAL et HRW pour établir les faits et contextes de la commission d'une violence sexuelle. Par exemple dans l'affaire *Kakado*[362], pour prouver le lien entre le groupe armé de Kakado et le gouvernement congolais, le juge militaire fait appel à des rapports onusiens et d'ONG : *« plusieurs preuves existeraient pouvant donner les motifs substantiels de croire avec certitude que le Gouvernement central de la RDC était à cette époque-là, le principal fournisseur d'armes et des munitions pour ces groupes armés en Ituri dont le FRPI, nous citons notamment : (I). Conseil de Sécurité de l'ONU, le rapport spécial sur les événements d'Ituri (janvier 2002-décembre 2003) ; Assemblée générale des Nations Unies, Rapport intérimaire de la Rapporteuse spéciale sur la situation des droits de l'homme en République démocratique du Congo, document ONU A/5 S/53 4 (24 octobre 2003) ; Rapport de Human Rights Watch, Ituri: « Couvert de sang », Violence ciblée sur certaines ethnies dans le nord-est de la RDC »*. Le juge militaire note que les rapports d'ONG fournissent un certain nombre de détails pertinents sur le déroulement des faits.

Concernant les indices, ils *« sont formés de tout fait ou de toute circonstance pouvant conduire à la vérité. Ils forment une preuve indirecte, dont le point de départ est constitué des faits ou des circonstances qu'on suppose établis et dont il s'agit de dégager le rapport avec le fait*

[362] TMG Bunia, 9 juillet 2010, Affaire *Kakado*, *op.cit.*

recherché »[363]. Parmi les indices, le juge militaire retient notamment les fiches d'identification judiciaire (casier judiciaire), les objets saisis sur le lieu du crime ou à l'occasion de la fouille corporelle du présumé auteur de l'infraction ou encore des écrits qui contiennent des indications d'où peuvent être tirées des présomptions. Le testament comme indice a été par exemple exploité par le juge militaire dans l'affaire *Songo Mboyo*[364]. En effet, l'une des victimes, par la suite décédée, du nom d'Eugénie Bonyole, avait consigné dans un document écrit les identités (noms et surnoms) de ses agresseurs avant sa mort. Cette pièce a été admise par le juge militaire qui lui confère une valeur probante.

---

[363] TMG Uvira, 30 octobre 2010, Affaire *Lemera, op.cit.*
[364] TMG Équateur, 7 juin 2006, Affaire *Songo Mboyo, op.cit.*

CHAPITRE II. LA LIBERTÉ D'APPRÉCIATION DE LA PREUVE EN MATIÈRE DE VIOLENCES SEXUELLES

La libre appréciation de la preuve signifie que le juge militaire dispose de la liberté d'accorder aux éléments de preuve la valeur et le poids qu'ils méritent à ses yeux, c'est-à-dire selon sa conscience[365]. *« Il apprécie selon son intime conviction, c'est-à-dire qu'il s'agit pour lui non de dire par quel moyen il s'est convaincu, mais plutôt de s'interroger lui-même dans son for intérieur quelle impression ont faite sur sa raison les preuves rapportées contre le prévenu et les moyens de sa défense [...] Ainsi, le juge pénal peut baser son intime conviction sur tous les moyens de preuve pourvu que ceux-ci aient été recueillis et contrôlés »*[366].

La preuve doit être légale. Elles doivent être légalement recueillies, être fiables et ne pas avoir été obtenues en portant atteinte aux libertés de la personne. La preuve ne doit pas être obtenue par la ruse ou par des manœuvres, cela vaut notamment pour les aveux des prévenus. De plus, le juge militaire soumet la preuve aux critères de la pertinence et de sa force probatoire.

En ce qui a trait aux actes de violences sexuelles, le juge militaire intègre plusieurs problématiques sexospécifiques au sein du processus judiciaire. Le juge militaire n'exige pas la corroboration du témoignage de la victime de violences sexuelles. De plus, il n'admet aucune preuve relative au comportement sexuel antérieur ou postérieur de la victime. Enfin, le juge militaire distingue l'appréciation de la preuve de l'infraction de la preuve du dommage. Pour qu'une victime puisse recevoir une réparation, elle doit apporter la preuve de la nature et l'ampleur du dommage, et

---

[365] HCM, 23 mars 2010, RA 016/08 ; CSJ, 07 octobre 1980, *Kabamba Mupemba c/ le ministère publique et Société Boukin*, R.P. 324.

[366] CM Bukavu, 17 novembre 2011, Affaire *Lemera, op.cit.*

établir un lien entre le dommage subi et le ou les crimes pour lesquels le prévenu a été condamné. En vertu de ces larges prérogatives dans l'appréciation de la preuve, le standard de condamnation du prévenu n'est pas le même pour établir la réparation de la victime. Le juge militaire ramène à un standard inférieur l'évaluation de la preuve du dommage pour établir la réparation de la victime.

Ce dernier chapitre aborde l'administration de la preuve en matière de violences sexuelles par le juge militaire (Section I), puis son évaluation (section II.).

Section I. L'administration de la preuve par le juge militaire

Il sied de distinguer le régime général d'admissibilité de la preuve (Paragraphe I.) et l'intégration de problématiques sexospécifiques dans l'admissibilité de la preuve en matière de violences sexuelles (Paragraphe II.).

Paragraphe I. Le régime général d'admissibilité de la preuve

Il incombe au ministère public d'apporter les preuves (I.). Celles-ci sont soumises à des critères généraux relatifs à l'admissibilité de la preuve (II.).

I. La charge de la preuve portée par le ministère public

La charge de la preuve est l'obligation qui incombe à une partie dans un procès pénal de prouver un fait ou un droit. Au sein des juridictions militaires congolaises, la charge de la preuve revient à l'accusation. Elle est portée par le ministère public qui est l'organe accusateur, auquel peuvent se greffer les parties civiles[367]. L'accusation porte le

[367] TMG Mbandaka, 18 février 2007, Affaire *Waka Lifumba, op.cit.*

fardeau de la preuve en vertu du principe *« actori incubit probatio »*[368] et de la présomption d'innocence constitutionnellement consacrée[369] à l'exception des prévenus accusés de violences sexuelles avec violence sur une personne mineure. Dans ce cas, la loi crée une présomption irréfragable de culpabilité de l'agent, car le consentement donné à l'acte sexuel par une personne mineure n'est pas valable.

Le ministère public doit prouver toutes les accusations qu'il impute au prévenu. Dans le cas contraire, le doute sera au profit de ce dernier et cela en vertu du principe *« in dubio pro reo »*[370]. Il faut admettre dans certains cas que le prévenu a la charge de la preuve d'un fait ou d'une circonstance par l'allégation de laquelle il prétend renverser une présomption ou écarter la qualification ou le caractère infractionnel des faits établis. La charge de la preuve incombe sans équivoque au prévenu dans deux cas : lorsqu'il contredit la fiabilité de certains procès-verbaux auxquels la loi ou la jurisprudence attache une force probante particulière et lorsqu'il invoque la faute de la victime.

---

[368] La charge de la preuve incombe au demandeur.

[369] Loi n° 11/002 du 20 janvier 2011 portant révision de certains articles de la Constitution de la République démocratique du Congo du 18 février 2006, *op.cit.*, art.14 al.9 : *« Toute personne accusée d'une infraction est présumée innocente jusqu'à ce que sa culpabilité ait été établie par un jugement définitif ».*

[370] TGI Kinshasa, 17 décembre 2011, Affaire *Mputu Muteba et consorts dite affaire des Kimbanguistes*, RP11.154/11.155/11.156, *« Le tribunal reconduit, mutatis mutandis, la même réflexion que ci-dessus pour conclure, en application également du principe général de droit « in dubio pro reo » au non-établissement de cette infraction mise à charge de tous ces prévenus, faute d'éléments de preuve. Et, par conséquent, le tribunal dira non établie, en fait et en droit, cette infraction d'association des malfaiteurs mise à leur charge ; les en acquittera ».*

En outre, le ministère public doit établir la preuve des éléments matériels de l'infraction ainsi que celle de l'élément moral. Il est débiteur principal de la preuve, tandis que la défense est débitrice exceptionnelle de la preuve, car la défense est tenue de rapporter la preuve des moyens de défense qu'elle invoque.

Il faut noter que le renversement de la charge de la preuve en matière de violences sexuelles a fait l'objet de plusieurs débats parlementaires lors de la rédaction de la Loi de 2006 dans l'objectif de réduire les difficultés rencontrées par les victimes[371]. Le renversement de la preuve pour ce crime a été finalement rejeté par le législateur congolais.

II. Les critères généraux relatifs à l'admissibilité de la preuve

Parmi les critères généraux relatifs à l'admissibilité de la preuve, le juge militaire applique les critères du droit congolais et ceux de la CPI.

En droit congolais, les moyens de preuve doivent être rationnels. La preuve apportée doit être logique et doit contribuer à la manifestation de la vérité. Les preuves issues de « pratiques divinatoires » ou issues à l'aide de procédés dangereux comme l'usage de la torture ne sont pas admises. Le droit congolais ajoute que les moyens de preuve doivent être respectueux de la dignité humaine et respecter les droits de la défense. Le juge militaire ne peut recevoir des moyens parvenus à sa connaissance en dehors des débats et non soumis aux débats contradictoires des parties.

Le juge militaire suit aussi les critères énoncés par la CPI sur l'admissibilité de la preuve. Il examine si les preuves : *« i) étaient pertinentes aux fins du procès, ii) avaient valeur probante et iii) avaient un caractère suffisamment pertinent*

---

[371] Entretien téléphonique mené avec un avocat (Maître Kanyandu) au barreau de Kinshasa dans le cadre de la rédaction du mémoire.

et probant pour l'emporter sur tout effet préjudiciable que pourrait causer leur admission »[372].

La pertinence est la condition légale préalable à l'admissibilité de la preuve[373]. Si l'élément de preuve proposé rend plus probable ou moins probable l'existence d'un fait litigieux, il est pertinent. La preuve n'est pas pertinente s'il n'existe aucun lien raisonnable entre la preuve et les allégations contre l'accusé[374]. *« Attendu cependant, faisant droit au moyen du Ministère public, le Tribunal n'est pas lié au témoignage des victimes, le juge de fond les apprécie in concerto pour en tirer leur force probante »*[375]. Quant à la pertinence, elle implique un certain degré de valeur probante. La pertinence d'un fait s'apprécie par rapport à celui d'un autre s'il existe entre eux un lien tel que l'existence de l'un induit celle de l'autre.

La force probante repose sur la fiabilité de la preuve[376]. La valeur probante caractérise un élément de preuve qui tend à établir le bien-fondé de faits ou de moyens invoqués par une partie et qui, en conséquence, est de nature à influer sur la décision à rendre. Certaines preuves, du fait de leur source ou de leur forme, peuvent avoir une force probante plus conséquente que d'autres. La pratique juridictionnelle militaire montre que certains types de preuve sont plus « estimés » que d'autres. La valeur probante d'un

---

[372] TMG Bukavu, 16 août 2011, Affaire *Maniraguha, op.cit.* ; CPI, 19 novembre 2010, *Le Procureur c. Jean-Pierre Bemba Gombo*, décision relative à l'admission en preuve des documents figurant dans l'inventaire des preuves de l'accusation, Chambre de première instance II, N°ICC-01/05-01/08, para.37 ; CPI, *Statut de Rome, op.cit.,* art.69.

[373] CPI, 17 décembre 2010, *Le procureur c. Germain Katanga et Mathieu Ngudjolo Chui,* Décision relative aux requêtes du Procureur aux fins d'admission de pièces qu'il entend verser directement aux débats, Chambre de première instance II, N°ICC-01/04-01/07, para.16.

[374] TMG Bukavu, 16 août 2011, Affaire *Maniraguha, op.cit.*

[375] TMG Équateur, 7 juin 2006, Affaire *Songo Mboyo, op.cit.*

[376] *Ibid. ; Voir* aussi CPI, 19 novembre 2010, *Le Procureur c. Jean-Pierre Bemba Gombo, op.cit.*, para.9.

témoignage recueilli au siège du Tribunal a une valeur probante supérieure au témoignage par déposition, car à l'audience, les juges peuvent apprécier directement les propos et la gestuelle du témoin, ainsi que ses hésitations. Dans le même ordre d'idées, le juge militaire n'hésite pas à écarter le témoignage d'un expert, fondé sur des faits qui, au cours du procès, n'ont pas été établis.

L'évaluation de la pertinence et de la valeur probante d'une preuve est soumise à l'expérience personnelle du juge militaire, à sa logique et aux circonstances de l'affaire. En réalité, les tribunaux et cours militaires ont tendance à négliger l'analyse de chaque pièce à conviction. Parallèlement, ils oublient de présenter les preuves qui ont été utiles pour fonder leur décision[377].

Paragraphe II. L'intégration de problématiques sexospécifiques dans l'admissibilité de la preuve en matière de violences sexuelles

Les juridictions internationales pénales ont édicté, au sein de leurs règles de procédure et de preuve, des mesures visant à favoriser et à faciliter la poursuite des individus ayant commis des crimes de violences sexuelles, en tenant compte de leurs spécificités et particularités. Ces règles sont sur la fiabilité et la crédibilité accordées au témoignage des victimes. Au sein des juridictions militaires, elles se traduisent par l'abandon de la corroboration du témoignage des victimes de violences sexuelles (I.) et l'absence du recours au comportement et habitude sexuelle des victimes (II.).

[377] ASF, *La mise en œuvre judicaire du Statut de Rome en République démocratique du Congo*, *op.cit.*, p.64.

I. L'abandon de la corroboration du témoignage des victimes

La corroboration en droit pénal se définit comme le fait de confirmer le témoignage d'une partie au procès, généralement la victime, par d'autres éléments de preuve comme des examens médicaux, des témoignages additionnels, des photographies ou tout autre document appuyant ledit témoignage.

Elle a longtemps été requise dans les affaires de violences sexuelles devant les juridictions militaires. Dans les affaires telles que *Songo Mboyo*[378], *Mupoke*[379] ou encore *Colonel Safari Kizungu*[380], le juge militaire estime que les déclarations des victimes peuvent constituer des preuves à charge des prévenus dès lors qu'elles sont corroborées par d'autres témoignages analogues[381]. Progressivement, cependant, certains jugements militaires ont pris conscience de l'obstacle que constituait cette exigence pour l'accès à la justice des victimes et se sont conformés aux dispositions du TPIY et TPIR[382], et de la CPI en vertu de certaines règles

---

[378] *Ibid., « Attendu que seules les déclarations de Madame BOTONGA KOMBE, victime de viol mis a charge du prévenu corroborent avec celles de Monsieur Richard LOFEYI peuvent être retenues comme témoignage. Les autres à défaut d'une autre preuve concordante, doivent être considérées comme simple renseignement insuffisant pour établir l'infraction à charge du prévenu ».*

[379] CM Bukavu, 20 mai 2013, Affaire *Mupoke, op.cit., « Le cas de viol de ces quatre femmes a été corroboré par toutes les autres victimes en audience publique ».*

[380] CM Kinshasa, 21 octobre 2011, Affaire *Colonel Safari Kizungu, op.cit., « La Cour constate que les allégations de la victime ne sont corroborées par aucun élément de preuve à charge, tel que témoignage, aveu, rapport médical, ou autre ».*

[381] *Ibid.*

[382] TPIY, RPP, *op.cit.*, art.96 : *« En cas de violences sexuelles: i) la corroboration du témoignage de la victime par des témoins n'est pas requise; ii) le consentement ne pourra être utilisé comme moyen de défense lorsque la victime: a) a été soumise à des actes de violence ou si elle a été contrainte, détenue ou soumise à des pressions*

du RPP sur les victimes de violences sexuelles, notamment la règle 63.4[383] et 71[384] sur le témoignage des victimes de violences sexuelles. Le juge militaire applique ces règles dans les récentes affaires telles que *Minova* ou encore *Cheka*.

---

psychologiques ou si elle craignait de les subir ou était menacée de tels actes, ou b) a estimé raisonnablement que, si elle ne se soumettait pas, une autre pourrait subir de tels actes, en être menacée ou contrainte par la peur; iii) avant que les preuves du consentement de la victime ne soient admises, l'accusé doit démontrer à la Chambre de première instance siégeant à huis clos que les moyens de preuve produits sont pertinents et crédibles; iv) le comportement sexuel antérieur de la victime ne peut être invoqué comme moyen de défense » ; TPIR, RPP, op.cit., art.96 « En cas de violences sexuelles: i) Nonobstant les dispositions prévues au paragraphe C) de l'Article 90, la corroboration du témoignage de la victime par des témoins n'est pas requise; ii) Le consentement ne pourra être utilisé comme moyen de défense, si la victime: a) A subi, a été menacée de subir ou a eu des raisons de craindre de subir des violences, la contrainte, la détention ou des pressions psychologiques; ou b) A estimé raisonnablement que, si elle ne se soumettait pas, une autre personne pourrait subir, être menacée de subir ou avoir des raisons de craindre de subir un tel traitement. iii) Avant d'être admis à établir le consentement de la victime, l'accusé doit démontrer à la Chambre de première instance siégeant à huis clos que les moyens de preuve qu'il entend produire sont pertinents et crédibles ; iv) Le comportement sexuel antérieur de la victime ne peut être invoqué comme moyen de preuve ou de défense ».

[383] CPI, RPP, *op.cit.*, règle 63.4 : *« Sans préjudice du paragraphe 3 de l'article 66, les Chambres n'imposent pas l'obligation juridique de corroborer la preuve des crimes relevant de la compétence de la Cour, en particulier des crimes de violences sexuelles. ».*

[384] *Ibid.*, règle 71 : *« Étant donné la définition et la nature des crimes relevant de la compétence de la Cour et sous réserve des dispositions du paragraphe 4 de l'article 69, les Chambres n'admettent aucune preuve relative au comportement sexuel antérieur ou postérieur d'une victime ou d'un témoin ».*

Les TPI estiment que la corroboration de témoignage n'est pas exigée, sauf pour celui des enfants[385]. Les éléments corroboratifs peuvent en effet constituer un complément susceptible de renforcer une affaire, mais ne doivent pas être une condition juridique d'accès aux juges. L'exception est celle du mineur qui comprend ce que signifie *« dire la vérité »*, et qui est assez mûr pour exposer les faits dont il a eu connaissance[386]. Sur cette position le juge militaire ne fait aucune distinction entre le témoignage de la victime de violences sexuelles adulte et mineure. Il ne demande donc pas la corroboration du témoignage de la victime mineure[387].

II. L'absence du recours aux comportements et habitudes sexuels des victimes

Concernant le comportement sexuel antérieur de la victime, depuis la Loi de 2006, le fait que la victime soit réputée « facile » ne saurait suffire à établir qu'elle était consentante, même si cette considération pouvait valoir autrefois comme circonstances atténuantes et comme cause de modération de la peine[388]. L'article 1er de la Loi de 2006 a en effet assoupli de manière remarquable les procédures d'administration de la preuve en matière d'infractions relatives aux violences sexuelles. L'article 14 bis ajouté au CPP énonce ainsi, *« à titre dérogatoire »*, de nouvelles règles applicables à l'administration de la preuve en la matière, à savoir : *« la crédibilité, l'honorabilité ou la disponibilité sexuelle d'une victime ou d'un témoin ne peut*

---

[385] AYAT Mohamed, « Quelques apports des Tribunaux pénaux internationaux, *ad hoc*, et notamment le TPIR, à la lutte contre les violences sexuelles subies par les femmes Durant les génocides et les conflits armés », *op.cit.*

[386] TPIR, RPP, *op.cit.*, art. 90 c).

[387] Voir TMG Kisangani, Affaire *Colonel Thom's*, 3 juin 2009, *op.cit.*

[388] TGI de Kisangani, 04 juin 2008, *Ministère public et partie civile contre le prévenu Liamba Baitea*, R.P 11.451.

en aucun cas être inférée de leur comportement sexuel antérieur ; les preuves relatives au comportement sexuel antérieur d'une victime des violences sexuelles ne peuvent exonérer le prévenu de sa responsabilité pénale »[389].

Cette jurisprudence est en réalité une transposition en droit interne congolais de dispositions similaires du RPP de la CPI[390]. À la CPI, également, *« les Chambres n'admettent aucune preuve relative »* à ce comportement[391]. Non seulement la défense ne peut utiliser le comportement sexuel de la victime comme un moyen de preuve, mais aucune question à cet égard ne peut être posée durant le procès.

Section II. L'évaluation de la preuve par le juge militaire

Le juge militaire applique le droit issu des deux grands systèmes occidentaux : la « common law » et le « droit romano -germanique ». En principe, le standard « au-delà de tout doute raisonnable de la preuve » est issu de la common law et appliqué par la CPI, et l'intime conviction est issue du droit romano-germanique appliqué en droit congolais. Le juge militaire applique à la fois le standard « au-delà de tout doute raisonnable » (Paragraphe I.) conformément à l'application du *Statut de Rome* dans ces affaires et le principe de l'intime conviction (Paragraphe II.) conformément au rôle actif du juge militaire congolais.

---

389 Loi n° 06/018 modifiant et complétant le Décret du 30 janvier 1940 portant Code pénal congolais, *op.cit.*

390 CPI, RPP, *op.cit.*, règle 70.

391 *Ibid.*

Paragraphe I. Le standard « au-delà de tout doute raisonnable »

Par rapport à ce standard, il s'agit d'étudier l'interprétation faite par le juge militaire (I.) et l'application d'un standard propre au juge militaire : la « vraisemblance » (II).

I. L'interprétation du standard « au-delà de tout doute raisonnable » par le juge militaire

L'article 66 alinéa 3 du *Statut de Rome* dispose que : « *Pour condamner l'accusé, la Cour doit être convaincue de sa culpabilité au-delà de tout doute raisonnable* ». Pareillement, l'article 17 de la Constitution congolaise de 2006 dispose que toute personne accusée d'une infraction pénale est présumée innocente jusqu'à ce que sa culpabilité soit établie par un jugement définitif. Cette disposition constitutionnelle prévoit la présomption d'innocence. Le prévenu est présumé innocent jusqu'à ce que sa culpabilité ait été établie devant le juge militaire conformément au droit applicable. Pour que l'accusé soit déclaré coupable, chaque élément de l'infraction qui lui est reprochée doit être établi « au-delà de tout doute raisonnable » devant les juridictions militaires[392]. Le juge militaire a précisé au sujet de cette norme que le doute raisonnable requis ne peut être un doute imaginaire découlant d'un sentiment d'empathie

[392] TMG Uvira, 30 octobre 2010, Affaire *Lemera, op.cit.*, « *Cependant, lorsque l'accusé formule des allégations ou lorsque par l'effet de la loi ou de la coutume (Common Law), une présomption pèse sur l'accusé « jusqu'à preuve du contraire », le juge doit rechercher si le contraire a été prouvé, en ayant à l'esprit que, en ce moment-là, la charge de la preuve par l'accusé est moindre que celle qui pèse sur l'accusation qui doit toujours établir les faits au-delà de tout doute raisonnable, alors que l'accusé « peut s'acquitter de la charge qui pèse sur lui » en produisant des éléments de preuve de nature à convaincre les jurés de ce qu'il est demandé d'élaborer».*

ou d'un préjugé. Il doit reposer sur la logique et le bon sens, et présenter un lien rationnel avec les preuves, l'absence de preuves ou les contradictions entre les preuves. Pour déterminer s'il a été satisfait à la norme applicable en matière de preuves, le juge militaire garde à l'esprit la conclusion selon laquelle il faut adopter une approche globale, évaluer l'ensemble de tous les éléments de preuve se rapportant au fait considéré et en apprécier le poids[393]. Le principe *in dubio pro reo* s'applique *mutatis mutandis* à tous les stades de la procédure[394].

Notons que dans l'affaire *Kakado*[395], le juge militaire renverse le standard législatif au standard « des motifs raisonnables de croire » relevant de la confirmation des charges à la CPI, pour une condamnation. Le TMG de Bunia a ainsi conclu : *« Attendu que le tribunal militaire de céans dira établie à charge du prévenu KAKADO BARNABA YONGA TSHOPENA l'incrimination de mouvement insurrectionnel par le fait de l'organiser et que par voix (sic) des conséquences dira les autres crimes de guerre établis dans le chef du prévenu susvisé parce qu'il y a des motifs raisonnables de croire que c'est l'incrimination initiale de mouvement insurrectionnel par le fait de l'organiser qui justifie l'existante (sic) de cesdits (sic) crimes, mieux n'eût (sic) été l'infraction de mouvement insurrectionnel par le fait de l'organiser retenue à charge du prévenu KAKADO BARNABA YONGA*

---

393 TGI Kinshasa, 17 décembre 2011, Affaire *Mputu Muteba et consorts dites affaire des Kimbanguistes*, *op.cit.*

394 *Ibid.*, *« Le tribunal reconduit, mutatis mutandis, la même réflexion que ci-dessus pour conclure, en application également du principe général de droit « in dubio pro reo » au non-établissement de cette infraction mise à charge de tous ces prévenus, faute d'éléments de preuve. Et, par conséquent, le tribunal dira non établie, en fait et en droit, cette infraction d'association des malfaiteurs mise à leur charge ; les en acquittera »*.

395 TMG de Bunia, 9 juillet 2010, Affaire *Kakado*, *op.cit.*

TSHOPENA les crimes de guerre n'existeraient pas à sa charge »[396]. Le juge militaire se fonde sur le « motif raisonnable de croire » pour condamner ce prévenu.

II. Le standard de la « vraisemblance »

Certains arrêts rendus par les juridictions militaires établissent un nouveau standard d'appréciation : « la vraisemblance ». Le standard de la vraisemblance apparaît dans plusieurs affaires telles que *Maniraguha*[397] et *Mupoke*[398].

De la même manière, dans l'affaire *Balimusa,* le TMG de Bukavu va conclure sur une vraisemblance[399]. La « vraisemblance » est un standard d'appréciation inférieure à celui d'« au-delà de tout doute raisonnable ». Toutefois, dans sa jurisprudence, le juge militaire n'explique pas et ne développe pas ce critère d'appréciation. Selon le professeur NYABIRUNGU *« Il en résulte que le prévenu n'est pas tenu d'établir son innocence par des preuves décisives. Il*

---

[396] *Ibid.*

[397] TMG Bukavu, 16 août 2011, Affaire *Maniraguha, op.cit., « On ne devrait pas condamner quelqu'un s'il prouve ou allègue de manière vraisemblable l'absence de faute ».*

[398] TMG Bukavu, 15 octobre 2021, Affaire *Mupoke, op.cit., « Le Tribunal en déduit qu'il est, tactiquement parlant, vraisemblable que la troupe de KASEREKA, alors toute la troupe composée de deux compagnies, a pris le marché de MUPOKE d'assaut en anti railleurs » ; «* Le Tribunal estime que les allégations de cette catégorie de victimes paraissent vraisemblables dès lors qu'il existe des raisons de croire qu'au village, la plupart des paysans, particulièrement les femmes, gardent leur monnaie dans la corde qu'elles portaient sous leurs hanches ».

[399] Cour Militaire du Sud-Kivu- Bukavu, 09 mars 2011, Affaire *Balumisa Manasse (Katasomwa)*, RMP n° 1280/MTL/09, Dans ce jugement, les juges ont écrit : *« Le Tribunal en déduit qu'il est, tactiquement parlant, vraisemblable que la troupe de KASEREKA, alors toute la troupe composée de deux compagnies, a pris le marché de MUPOKE d'assaut en anti railleurs ».*

suffit qu'il allègue sa version des faits d'une manière vraisemblable, plausible et de nature à semer le doute dans l'esprit du juge »[400].

Paragraphe II. L'intime conviction du juge militaire

Le juge militaire assoit sa conviction sur les preuves apportées lors du procès. Sa conviction connaît des limites (I.). Concernant l'évaluation de la preuve liée à la réparation de la victime de violences sexuelles, le juge militaire rabaisse son standard d'évaluation (II.).

I. Les limites de l'intime conviction du juge militaire

Le juge militaire *« apprécie selon son intime conviction, c'est-à-dire qu'il s'agit pour lui non de dire par quel moyen il s'est convaincu, mais plutôt de s'interroger lui-même dans son for intérieur quelle impression ont faite sur sa raison les preuves rapportées contre le prévenu et les moyens de sa défense (article 427 du code procédure pénale) »*[401]. Dans l'affaire *Maniraguha*, le juge militaire se prononce sur sa conviction : *« il n'y a pas de preuve qui s'impose de façon obligatoire au juge pénal qui doit se déterminer uniquement d'après son intime conviction, sous évidemment la double réserve que celle-ci ne peut, d'une part, se fonder que sur des éléments produits à l'audience, c'est-à-dire qui y ont été portés à la connaissance du prévenu de telle manière qu'il ait pu les discuter et se défendre, d'autre part, lorsqu'il s'agit d'un des modes de preuve réglementés par la loi, la conviction du juge ne peut*

---

[400] NYABIRUNGU Songa, *Traité de droit pénal général congolais, op.cit.,* p.483, l'auteur observe cependant que les articles 27 et suivants du Code de procédure pénale qui se rapportent à l'« inculpé » à mettre en détention préventive sur la base de simples « indices de culpabilité » viennent contredire cette présomption d'innocence.

[401] TMG Bukavu, 16 août 2011, Affaire *Maniraguha, op.cit.*

s'asseoir que sur ceux qui ont été recueillis conformément aux formalités exigées »[402].

Le juge militaire fonde sa conviction sur n'importe quelle preuve portée devant lui, quels que soient le nombre et la gravité des éléments en sens opposé. Toutefois, il doit expliquer, en motivant sa décision, comment il est arrivé à cette conviction. Il doit aussi appuyer sa conviction sur des éléments versés aux débats et soumis à la libre discussion des parties. C'est ainsi que les présomptions utilisées doivent découler de faits connus ou des documents produits. Enfin, le juge militaire doit notamment asseoir sa conviction sur la base de preuves graves, concordantes et constantes[403]. Par exemple, dans l'affaire *Lemera*, il estime que *« les dépositions des victimes, le témoignage des personnes qui les avaient accompagnés, les certificats médicaux établis deux jours après leur accueil au centre de santé, les déclarations des prévenus qui reconnaissent que les faits de viols massifs ont été rapportés pendant que leur unité se trouvait en opération dans la contrée et l'amnésie collective qui les a marqués au sujet de la date de départ de leur unité de MULENGE alors qu'ils se souviennent avec exactitude de la date de leur arrivée ajoutée au fait qu'ils ont été formellement identifiés par les victimes lis des différentes confrontations, tous ces éléments ont emporté la conviction du premier juge sur la culpabilité et l'imputabilité des faits de la présente cause dans le chef des prévenus »*.

---

402 *Ibid.*

403 TMG Uvira, 30 octobre 2010, Affaire *Lemera, op.cit., « Ainsi pour asseoir sa conviction, le juge de fond a tablé par recherche de la constance en rapport aux moyens soutenus par les prévenus et en rapport avec ceux avancés par les victimes ».*

II. Rabaissement du standard de la preuve propre à la réparation du dommage

Le juge militaire a admis que le standard de preuve pour la réparation devrait être moins élevé que celui exigé pour une condamnation. Le *Statut de Rome* précise le niveau de preuve exigé pour condamner un accusé. Celui applicable en matière de réparation ne l'est pas. Cette question a été largement discutée par les États lors des négociations du Règlement de la Cour[404]. *« Il a alors été généralement admis que le standard de la preuve devrait être moins élevé que celui exigé pour une condamnation, mais que le lien causal entre les crimes et le dommage, la perte ou le préjudice subi devrait être établi »*[405]. Aucun accord n'ayant finalement été trouvé concernant le niveau de preuve requis, il a été décidé que le niveau de preuve serait déterminé par la Cour, lorsqu'elle établirait les principes de réparation en application de l'article 75.1[406].

Dans cette optique, le juge militaire a recours au principe *ex aequo et bono*[407] pour établir l'indemnisation d'une victime[408]. L'expression se réfère au pouvoir donné par les parties au juge militaire de se dispenser de consulter les dispositions légales et de prendre en compte ce qu'ils

---

404 ELASSAL Edith-Farah, « Le régime de réparation de la Cour pénale internationale : analyse du mécanisme en faveur des victimes », *Revue Québécoise de droit international*, volume 24-1, 2011, pp.259-308.

405 *Ibid.*

406 CPI, *Statut de Rome*, *op.cit.*, : *« La Cour établit des principes applicables aux formes de réparation, telles que la restitution, l'indemnisation ou la réhabilitation, à accorder aux victimes ou à leurs ayants droit. Sur cette base, la Cour peut, sur demande, ou de son propre chef dans des circonstances exceptionnelles, déterminer dans sa décision l'ampleur du dommage, de la perte ou du préjudice causé aux victimes ou à leurs ayants droit, en indiquant les principes sur lesquels elle fonde sa décision ».*

407 Expression latine assez peu usitée de nos jours, signifiant littéralement « selon ce qui est équitable et bon ».

408 TMG Bukavu, 15 octobre 2010, Affaire *Mupoke*, *op.cit.*

considèrent être « juste et équitable », pour établir la réparation de la victime. Tel sera le cas, par exemple, de l'évaluation du dommage moral lié à la perte d'un proche[409]. Tel sera également le cas lorsqu'il n'est pas possible de déterminer la quote-part d'un enfant dans le revenu d'une mère décédé[410], ou lorsqu'il sera question d'évaluer un préjudice qui suppose un calcul de probabilité complexe comme la perte de chance.

En droit congolais, le juge militaire recourt de façon générale à une indemnisation *ex aequo et bono* pour tout dommage moral et physique. Lorsque les victimes sont dans l'impossibilité d'apporter la preuve des pertes matérielles subies et/ou leur montant, l'évaluation, *ex aequo et bono* peut se révéler comme le seul recours offert au juge. L'évaluation des préjudices moraux (en lien avec le traumatisme, le stress post-traumatique, la perte de proches, les atteintes à l'intégrité physique, la perte du statut social, l'exil forcé et la séparation) ne peut être fixée qu'*ex aequo et bono*, car, les dommages subis par les victimes sont inestimables. La preuve de certains dommages et/ou de leurs valeurs est extrêmement difficile, voire impossible à apporter. Le juge militaire propose donc de se référer à la pratique congolaise afin de dégager des montants pertinents par une évaluation *ex aequo et bono*.

En conséquence de l'application de ce principe, il ressort des inégalités dans l'indemnisation des victimes. Dans l'affaire *Songo Mboyo*[411], le TMG Mbandaka indemnise à hauteur de dix mille dollars US la victime de viol, décédée. Le même tribunal dans l'affaire *Waka Lifumba*[412], indemnise à hauteur trente mille dollars US la victime de

---

409 ASF, *La réparation des crimes internationaux en droit congolais*, *op.cit.*, p.72.
410 *Ibid.*, p.26.
411 TMG Équateur, 7 juin 2006, Affaire *Songo Mboyo, op.cit.*
412 TMG Mbandaka, 18 février 2007, Affaire *Waka Lifumba, op.cit.*

viol, décédée. Pour les deux affaires, il s'agissait de viol constitutif de crime contre l'humanité. Le juge militaire pratique donc une évaluation forfaitaire des indemnités pour réparer les préjudices subis.

Toutefois, les réparations civiles prononcées par le juge militaire restent illusoires en raison de leur non-exécution systématique. Lorsqu'on combine cette non-exécution systématique des réparations civiles avec la non-exécution quasi systématique des condamnations pénales compte tenu de l'ampleur du phénomène d'évasion dans les prisons et centres de détention en RDC, l'on en arrive finalement à la question : « que répare finalement cette justice dite répressive pour les victimes ? ».

CONCLUSION

Tout au long de cette recherche, nous avons révélé ce que dit le juge militaire sur les violences sexuelles. Mais nous pouvons aussi nous interroger sur ce qu'il ne nous dit pas notamment pourquoi il refuse de s'intéresser aux violences sexuelles en tant qu'acte de génocide.

La recherche entreprise a pour objectif de révéler la pratique du juge militaire face aux plaintes pour violences sexuelles.

Entre la première affaire, *Songo Mboyo,* où le juge militaire qualifie pour la première fois les viols massifs de crimes internationaux, en l'occurrence de crimes contre l'humanité, en 2006, et les récentes affaires *Minova* de 2014 et *Cheka* de 2019, l'action du juge militaire a évolué dans le traitement de ces violences. Il est évident que, depuis la ratification du *Statut de Rome* et l'adoption de la Loi de 2006 sur les violences sexuelles, le juge militaire n'a pas cessé de faire progresser sa pratique à l'égard de ces crimes. Il a fait évoluer la définition du viol en droit congolais pour la rapprocher des standards du droit international pénal. Par rapport à la victime, le juge militaire incorpore dans sa pratique des normes sexospécifiques sur le témoignage de la victime et sa protection. De plus, il adopte une position favorable à leur réparation.

Cela dit, malgré les évolutions établies par le juge militaire, le constat global est insatisfaisant par rapport aux attentes à la fois nationales, dans la politique congolaise de lutte contre ces violences sexuelles, et internationales avec les nombreux partenariats et coopérations établies entre le système judiciaire congolais et les Nations Unies, ainsi que les ONG. Il faut noter qu'une grande partie des affaires de violences sexuelles constitutives de crimes internationaux traitées par le juge militaire sont souvent à l'initiative d'ONG telles que ASF ou encore TRIAL. La première difficulté du juge militaire à poursuivre les violences sexuelles est l'interprétation du *Statut de Rome*. Lorsque les violences sexuelles sont qualifiées de crimes contre l'humanité ou crimes de guerre, le juge militaire a une qualification erronée des éléments constitutifs de ces crimes par rapport aux éléments consacrés en droit international pénal. Sa qualification est désuète. Il applique à la fois les définitions des crimes internationaux présentes dans le CPM, le *Statut de Rome* et les définitions issues des TPI, les trois pouvant être contradictoires. La deuxième difficulté du juge militaire est sa retenue pour sanctionner la gravité de ces crimes. Au cours de cette recherche, on constate que le juge militaire a manqué plusieurs fois de sanctionner la gravité du crime, par le biais des circonstances atténuantes ou par la non-poursuite des chefs militaires FARDC. Dans ce cadre, les exemptions et les réductions de peines fréquemment émises par le juge militaire doivent être mentionnées. Cette tendance illustre la partialité dont fait preuve le juge militaire concernant les prévenus FARDC. La pratique du juge militaire s'inscrit dans une problématique plus large de mauvaise gouvernance au sein de la justice congolaise. Toutes ces difficultés illustrent le faible nombre de poursuites et l'absence de suivi de l'effectivité dans la prononciation des réparations. Martin FAYULU, candidat aux dernières élections présidentielles, appelle à une refonte de tout l'appareil judiciaire militaire, tant dans sa conception que dans son organisation et dans son fonctionnement.

Ce constat nous amène donc à nous interroger sur la pertinence d'un tribunal pénal international mixte pour la RDC[418] : un tribunal à mi-chemin entre les TPI classiques et les tribunaux nationaux. Car, dans les États en conflit, en sortie de conflit ou connaissant une situation particulièrement instable, les différentes formes de justice doivent être combinées entre elles pour obtenir de meilleurs résultats. Elles doivent également agir en parallèle avec des institutions non judiciaires, notamment les juridictions coutumières dont l'impact est notable.

BIBLIOGRAPHIE

I. DOCTRINE

Ouvrages généraux

AKANDJI-KOMBÉ Jean-François (dir.), *L'homme dans la société internationale : Mélanges en hommage au Professeur Paul Tavernier*, Bruxelles, Buylant, 2013, 1624 p.

BOULOC Bernard, *Droit pénal général,* Paris, Dalloz, 2017, 780 p.

CURRAT Philippe, *Les crimes contre l'humanité dans le Statut de la Cour Pénale Internationale*, Genève, Bruylant, 2006, 806 p.

DELMAS-MARTY Mireille, FOUCHARD Isabelle, FRONZA Emanuela, *Le crime contre l'humanité* « Que sais-je ? », Paris, Presse universitaire France, 2009, 128 p.

DUPENDANT Jeanne, *Les crimes d'honneur et l'universalité des droits de l'Homme*, Paris, Pedone, 2011, 186 p.

FERNANDEZ Julian, *Justice pénale internationale*, Paris, CNRS, 2016, 426 p.

KALONGO Mbikayi, *Responsabilité civile et socialisation des risques en droit Zaïrois*, Kinshasa, Presse universitaire du Zaïre, 1974, 304 p.

LIKULIA Bolongo, *Droit pénal spécial zaïrois*, Paris, Librairie générale de droit et de jurisprudence, 1985, 402 p.

MAUGENEST Denis et POUGOUÉ Paul-Gérard (dir.), *Droits de l'homme en Afrique centrale, Colloque de Yaoundé 9-11 novembre 1994*, Paris, Karthala, 1996, 288 p.

PRADEL Jean, *Droit pénal comparé*, Paris, 4e édition, Dalloz, 2016, 1116 p.

REBUT Didier, *Droit pénal international*, Paris, Dalloz, 2019, 726 p.

SASSOLI Marco, BOUVIER Antoine, GARCIA Juliane, *un droit dans la guerre*, Genève, CICR, 2012, 2151 p.

Ouvrages spécialisés

BAAZ Maria Eriksson, STERN Maria, *Sexual violence as a weapon of war ?: Perceptions, prescriptions, problems in the Congo and beyond (Africanow)*, Londres, Zed Books ets, 2013, 157 p.

BAKAMO BOPE Eugène, *La justice congolaise face aux crimes internationaux commis en RDC,* Paris, L'Harmattan, 2014, 278 p.

DE BURLET Jacques, *Précis de Droit administratif congolais*, Bruxelles, Ferdinand Larcier, 1969, 247 p.

NADJ Daniela, *International Criminal Law and Sexual Violence against Women*, New York, Routledge research in International Law, 2018, 255 p.

PICOLO Irene, *The Crime of Rape in International Criminal Law,* La Haye, International Courts Association, 2013, 244 p.

MBOKANI Jacques, *La jurisprudence congolaise en matière de crime de droit international Une analyse des décisions des juridictions militaires congolaises en applications du Statut de Rome*, Kinshasa, Open Society Initiative for Southern Africa, 2016, 404 p.

II. ARTICLES DE REVUE

ASCENSIO Hervé, MAISON Rafaëlle, « L'activité des juridictions pénales internationales », *Annuaire français de droit international,* volume 53, 2007, pp.429-473.

ASKIN Kelly, « Prosecuting wartime rape and other gender related crimes under international law: extraordinary advances, enduring obstacles », *Berkley Journal of International* Law, volume 21, n° 3, 2003, pp.288-349.

AYAT Mohamed, « Quelques apports des Tribunaux pénaux internationaux, *ad hoc*, et notamment le TPIR, à la lutte contre les violences sexuelles subies par les femmes durant les génocides et les conflits armés », *International Criminal Law Review*, volume 10, 2010, pp.787-827.

BALUME Désiré, « État des lieux de la situation socio-juridique des viols et violences sexuelles faites aux femmes et aux filles mineures du Nord-Kivu : cas de Goma et ses environs », *Actes de la Journée de réflexion sur l'accompagnement judiciaire des femmes et filles victimes de violences sexuelles*, 28 Novembre 2005.

COOK Rebeca, « Accountability in International Law for Violations of Women's Rights by Non-State Actors », *Studies in Transnational Legal Policy* 25, 1993, pp.93-116.

DESPEREZ François, « Preuve et conviction du juge en matière d'agressions sexuelles », *Archives de politique criminelle*, Volume 34, 2012, pp.45-69.

DYANI Ntombizozuko, « Sexual Violence, Armed Conflict and International Law in Africa », *RADIC*, Volume 15, 2007, pp.230-253.

GAGGIOLI Gloria, « Sexual violence in armed conflicts: A violation of international humanitarian law and human rights law », *International Review of the Red Cross*, Volume 96-, 2014, pp.503-538.

HABA MOUSSA Bienvenu, LAFONTAINE Fannie, « Juger les plus hauts responsables pour crimes sexuels à la cour pénale internationale : l'utilité de la responsabilité par omission à la lumière de la décision de la chambre de première instance dans l'affaire *Bemba* », *Revue Québécoise de droit international*, volume 1, Hors-série décembre 2017, pp.73-100.

HELINCK Pauline, « Les mesures de protection des victimes et des témoins dans le système de la Cour pénale internationale face aux droits des accusés », *Revue belge de Droit international, 2012,* pp.609-633.

ELASSAL Edith-Farah, « Le régime de réparation de la Cour pénale internationale : analyse du mécanisme en faveur des victimes », *Revue Québécoise de droit international*, volume 24-1, 2011, pp.259-308.

FERNANDEZ Julian, « L'expérience mitigée des TPI », *Annuaire Français de droit international*, volume 9, 2008, pp. 223-241.

FOUCHARD Isabelle, « La formation du crime contre l'humanité en droit international », *Presses universitaires de France*, 2009, pp.7-43.

KAZADI MPIANA Joseph, « La Cour pénale internationale et la République démocratique du

Congo : 10 ans après », Étude de l'impact du statut de la CPI en droit interne congolais, *Revue internationale de droit comparé*, volume 65, N° 2, 2013, pp.419-462.

KORTFALT Linnea, « Sexual Violence and the Relevance of the Doctrine of Superior Responsibility in the Light of the Katanga Judgment at the International Criminal Court », *Nordic Journal of International Law*, Volume 84, 2015, pp. 533–579.

LÉVY Christine, « Le Tribunal international des femmes de Tokyo en 2000. Une réponse féministe au révisionnisme ? » *Clio. Femmes, Gendre, Histoire*, Volume 39, 2014, pp.129-150.

LIWERANT Sara, « Scène juridique et logiques politiques de la lutte contre l'impunité des crimes internationaux en République démocratique du Congo », *Revue internationale et stratégique*, Volume 116, 2019, pp. 107-116.

MOUFFLET Véronique, « Le paradigme du viol comme arme de guerre à l'Est de la République démocratique du Congo », *Afrique contemporaine*, Volume 3, 2008 (n° 227), pp.119-133.

NAHOUM-GRAPPE Véronique, « Violences sexuelles en temps de guerre », *Inflexions*, Volume 17, 2012, pp.123-138.

SOHIER Antoine, *Droit civil du Congo belge*, tomes I, II et III, *Revue internationale de droit comparé*. Volume 10, 1958. pp.677-679.

VISIEUR SELLER, Patricia, « Individual(s') Liability for Collective Sexual Violence », *Oxford University Press,* Gender and Human Rights, 2012, pp.189-190.

WERLE Gerhard, BURGHARDT Boris, « Les formes de participation en droit international pénal », *Revue de science criminelle et de droit pénal comparé*, Volume 1, 2012, pp.47-67.

III. LITTÉRATURE GRISE

HCDH, *Avancées et obstacles dans la lutte contre l'impunité des violences sexuelles en RDC*, Kinshasa, Avril 2014, 32 p.

HCDH, *Rapport de la Rapporteuse spéciale sur la violence contre les femmes, ses causes et ses conséquences*, Genève, 2003, 24 p.

HCDH, *Rapport du Projet Mapping concernant les violations les plus graves des droits de l'homme et du droit international humanitaire commises entre mars 1993 et juin 2003 sur le territoire de la République démocratique du Congo,* New York, 2010, 550 p.

Ministère du Genre, de la Famille et de l'Enfant de la RDC, Ampleur *des violences sexuelles en RDC et actions de lutte contre le phénomène de 2011 à 2012*, Kinshasa, 2013, 58 p.

Ministère de la santé public — RDC, *Rapport des prestataires de soins de santé dans la prise en charge des survivantes/victimes de violences sexuelles et basées sur le genre*, Kinshasa, 2012, 201 p.

OMS, *Prévenir la violence exercée par des partenaires intimes et la violence sexuelle contre les femmes, Intervenir et produire des données*, Genève, 2010, 102 p.

IV. THÈSES DE DOCTORAT

BIDERI Diogène, *Les crimes sexuels face au droit international pénal : recherche sur l'établissement d'une infraction autonome en droit international pénal,* Université de Strasbourg, Droit, 2017, n° 2017STRAA023, 342 p.

LLANTA Dorine, *La prévention et répression des violences sexuelles en droit comparé et international,* Université de Perpignan, Droit, 2019, 747 p.

OUANDAOGO Abdul Aziz Wendkuni, *La protection des civils contre les violences sexuelles en période de conflit armé en Afrique*, Université de Rouen Normandie, Droit, 2016, n° 2016ROUED009, 465 p.

V. TEXTES OFFICIELS

1. Textes internationaux

Conventions et traités

AGNU, *Pacte international relatif aux droits civils et politiques*, Résolution 2200A (XXI), New York, 16 décembre 1966, entré en vigueur le 23 mars 1976.

AGNU, *Pacte international relatif aux droits économiques, sociaux et culturels*, Résolution 2200 A (XXI), New York, 16 décembre 1966, entré en vigueur le 3 janvier 1976.

AGNU, *Convention sur l'élimination de toutes les formes de discrimination à l'égard des femmes,* Résolution 34/180, 19 décembre 1979, entrée en vigueur le 3 septembre 1981.

CICR, *Convention de Genève pour l'amélioration du sort des blessés et des malades dans les forces armées en campagne du 12 août 1949*, Genève, 12 août 1949.

CICR, *Convention de Genève pour l'amélioration du sort des blessés, des malades et des naufragés des forces armées sur mer du 12 août 1949*, Genève, 12 août 1949.

CICR, *Convention de Genève relative au traitement des prisonniers de guerre du 12 août 1949*, Genève, 12 août 1949.

CICR, *Convention de Genève relative à la protection des personnes civiles en temps de guerre du 12 août 1949*, Genève, 12 août 1949.

CICR, *Protocole additionnel aux Conventions de Genève du 12 août 1949 relatif à la protection des victimes des conflits armés internationaux*, 8 juin 1977.

CICR, *Protocole additionnel aux Conventions de Genève du 12 août 1949 relatif à la protection des victimes des conflits armés non internationaux*, 8 juin 1977.

2. Déclarations et recommandations

AGNU, *Principes fondamentaux et directives concernant le droit à un recours et à réparation des victimes de violations flagrantes du droit international des droits de l'homme et de violations graves du droit international humanitaire*, Résolution 60/147, 16 décembre 2005.

3. Documentation spécifique relative à la justice pénale internationale

CPI, *Statut de Rome de la Cour pénale internationale*, Rome, A/CONF.183/9, 17 juillet 1998, entré en vigueur le 1er juillet 2002.

CPI, *Éléments des crimes*, Documents officiels de l'Assemblée des États Parties au Statut de Rome de la Cour pénale internationale, première session, New York, 3-10 septembre 2002.

CPI, *Règlement de preuve et de procédure*, Documents officiels de l'Assemblée des États Parties au Statut de Rome de la Cour pénale internationale, première session, New York, 3-10 septembre 2002.

CPI, *Règlement de la Cour*, ICC-BD/01-01-04, 26 mai 2004.

CPI, *Bureau du Procureur*, Document de politique générale relatif aux crimes sexuels et à caractère sexiste, Juin 2014.

VI. TEXTES RÉGIONAUX

1. Accords régionaux

Conférence internationale sur la Région des Grands Lacs, *Protocole sur la prévention et la répression de la violence sexuelle contre les femmes et les enfants*, 30 novembre 2006.

VII. TEXTES NORMATIFS

1. Législations nationales

Décret-loi n° 003/2002 du 30 mars 2002 autorisant la ratification du Statut de Rome de la Cour Pénale Internationale du 17 juillet 1998, *JO* 5 décembre 2002 (numéro spécial « Instruments internationaux et régionaux relatifs aux droits de l'homme ratifiés par la République démocratique du Congo »).

Loi n° 023/2002 du 18 novembre 2002 portant code judiciaire militaire, *JO* 20 mars 2003.

Loi n° 024/2002 du 18 novembre 2002 portant Code pénal militaire, *JO* 20 mars 2003.

Loi n° 06/018 modifiant et complétant le Décret du 30 janvier 1940 portant Code pénal congolais, 20 juillet 2006, *JO* 1er août 2006.

Loi n° 06/019 du 20 juillet 2006 modifiant et complétant le décret du 6 août 1959 portant Code de procédure pénale congolais, *JO* 20 mars 2003.

Loi n° 07-03 portant Code de la famille, 6 octobre 2005, *JO* 6 octobre 2005.

Loi n° 11/002 du 20 janvier 2011 portant révision de certains articles de la Constitution de la République démocratique du Congo du 18 février 2006, *JO* 5 février 2011.

Loi n° 15/022 modifiant et complétant le Décret du 30 janvier 1940 portant Code pénal, 31 décembre 2015, *JO* 29 février 2016.

VIII. JURISPRUDENCES

1. La jurisprudence internationale

Cour pénale internationale

CPI, 14 mars 2008, *Le Procureur c. Thomas Lubanga Dyilo*, N° : ICC-01/04-01/06, Situation en République démocratique du Congo, Décision en vertu de l'article 74 du Statut.

CPI, 11 juillet 2008, *Le Procureur c. Thomas Lubanga Dyilo*, N° : ICC-01/04-01/06 OA 9 OA 10, Arrêt relatif aux appels interjetés par le Procureur et la Défense contre la Décision relative à la participation des victimes rendue le 18 janvier 2008 par la Chambre de première instance I, Chambre d'Appel.

CPI, 1er décembre 2009, *Le Procureur c. Germain Katanga et Mathieu Ngudjolo Chui,* N° : ICC-01/04-01/07, Instructions pour la conduite des débats et les dépositions conformément à la règle 140, Chambre de première instance.

CPI, 24 mai 2010, *Le Procureur c. Germain Katanga et Mathieu NgudjoloChui*, N° : ICC-01/04-01/07 OA 11, Décision relative à la participation des victimes à l'appel interjeté par Germain Katanga contre la Décision relative aux modalités de participation des victimes au stade des débats sur le fond, Chambre d'Appel.

CPI, 17 décembre 2010, *Le Procureur c. Germain Katanga et Mathieu Ngudjolo Chui,* N° : ICC-01/04-01/07, Décision relative aux requêtes du Procureur aux fins d'admission de pièces qu'il entend verser directement aux débats, Chambre de première instance.

CPI, 7 avril 2015, *Le Procureur c. Mathieu Ngudjolo Chui*, N° : ICC-01/04-02/12, Arrêt relatif à l'appel interjeté par le Procureur contre la décision de la Chambre de première instance II intitulée « Jugement rendu en application de l'article 74 du Statut », Chambre d'Appel.

CPI, 21 mars 2016, *Le Procureur c. Jean-Pierre Bemba Gombo*, N° : ICC-01/05-01/08, Jugement rendu en application de l'article 74 du Statut.

Tribunal pénal international pour l'ex-Yougoslavie

Tribunal Pénal pour l'ex-Yougoslavie (TPIY), 16 novembre 1998, *Le procureur c. Delalić et al.*, N° : IT-96-21-T Chambre de première instance, Jugement.

Tribunal pénal international pour l'ex-Yougoslavie (TPIY), 10 décembre 1998, *Le Procureur c/Anto Furundžija*, N° : IT-95-17/1-T, Jugement, Chambre de première instance.

Kunarac et consorts

TPIY, 22 février 2001, Affaire *Le procureur c. Dragolujub Kunarac et consorts*, N° : IT96-23-T et IT-96-23/1-T, Jugement.

TPIY, 12 juin 2002, *Affaire Dragoljub Kunarac et consorts c. Le Procureur*, N° : IT-9623 & IT-96-23/1-A, Arrêt.

TPIY, 12 juin 2002, *Le Procureur c. Kunarac et consorts*, N° : IT-96-23&23/1, Chambre d'appel.

Tadic Dusko

TPIY, 2 octobre 1995, *Le Procureur c. Dusko Tadic, Alias « Dule »,* Arrêt relatif à l'appel de la défense concernant l'exception préjudicielle d'incompétence, Chambre d'appel.

TPIY, 2 octobre 1995, *Affaire Le procureur c. Dusko Tadic*, N° : IT-94-1-A, Arrêt relatif à l'appel de la défense concernant l'exception préjudicielle d'incompétence.

TPIY, 7 mai 1997, *Le Procureur c. Dusko Tadic*, alias « Dule », N° : IT-94-1-T, Jugement.

Tribunal pénal international pour le Rwanda

TPIR, 2 septembre 1998, *Le Procureur c. Jean-Paul Akayesu*, N° : ICTR-96-4-T, Chambre de première instance I, Jugement.

2. La jurisprudence congolaise

Juridiction civile

CSJ, 07 octobre 1980, *Kabamba Mupemba c/le ministère publique et Société Boukin*, R.P.324.

TGI de Kisangani, 15 novembre 2007, *Ministère public et partie civile contre le prévenu Kirongozi Fataki,* R.P 11.343, inédit.

TGI de Kisangani, 04 juin 2008, *Ministère public et partie civile contre le prévenu Liamba Baitea*, R.P 11.451.

TGI Kalamu, 17 décembre 2011, affaire *Mputu Muteba Israël et al.*, jugement.

Juridiction militaire

HCM, 1er janvier 2004, *MP c/Col ALAMBA et consorts*, Affaire RP 001/2004.

CM du Katanga, 20 décembre 2004, Affaire *Ankoro*, RMP n° 004/03/MMV/1NMB, RP n° 0112003, RMP n° 0046/04/NMB et RP n° 02/2004.

TMG Ituri, 24 mars 2006, affaire, *Bongi et consorts,* RPA N° 030/06.

TMG Équateur, 7 juin 2006, Affaire *Songo Mboyo,*
RMP 154/PEN/SHOEF/05 RP 084/2005.

TMG Mbandaka, 20 juin 2006, Affaire *Des Mutins Mbandaka, RMP n° 279/GMZ/WAB/05, RP. n° 086/05.*

TMG Ituri, 2 août 2006, Affaire *Kahawa Mandra*, RP 039/006.

TMG Mbandaka, 18 février 2007, Affaire *Waka Lifumba*, RP 134/2007/RMP 575.

TMG Ituri, 19 février 2007, Affaire *Bavi Ghety*, RP101/06.

CM Katanga, 28 juin 2007, Affaire *Kilwa*, RP 010/2006.

TMG Ituri, 13 décembre 2007, *Afffaire MP c/Mumbere Masimango*, RP N° 050/07.

Haute cour militaire, 30 octobre 2008, Affaire *Lemera*, RP N° 132/RMP N° 0933/KMC/10.

HCM, 23 mars 2010, RA 016/08 ; CSJ, 07 octobre 1980, *Kabamba Mupemba c/le ministère publique et Société Boukin*, R. P. 324.

TMG Kisangani, 3 juin 2009, Affaire *colonel Thom's*, RMP N° 944/MBM/09, RP N° 167/09.

TMG Bunia, 9 juillet 2010, Affaire *Kakado*, RMP N° 885/EAM/08 ; RMP N° 1141 : LZA/010 ; RMP N° 1219/LZA/010 ; RMP N° 1238/LZA/010 ; RP N° 071/09, 009/010 et 074/010.

CM Katanga, 16 décembre 2010, Affaire Gédéon, RP N° 0134/07 et N° 0182/09.

CM Bukavu, 21 février 2011, Affaire Kibibi Mutuare, RMP N° 1337/MTL/11.

TMG Bukavu, 9 mars 2011, Affaire *Balumisa Manasse*, RP 038 RMP 1427/NGG/2009RMP 1280/MTL/09.

TMG Bukavu, 16 août 2011, Affaire *Maniraguha*, RP 275/09 et 521/10/RMP 581/07 et 1573/KMC/10.

CM Bukavu, 20 mai 2013, Affaire *Mupoke,* RP 708/12/RMP1868/TBK/KMC1012.

CM Goma, 5 mai 2014, Affaire *Minova*, RP 003/2013 RMP 0372/BBM/013.

CM Goma, 10 janvier 2019, Affaire *Cheka et al.*, RP 055, RP 0191/17, RP 0255, RP 0270, RP 0271, RP 0272/19.

IX. RESSOURCES ÉLECTRONIQUES

Amnesty International. *Les crimes commis contre les femmes lors des conflits armés*, Londres, 2004. Non paginé. Disponible sur : https://www.amnesty.org/fr/wp-content/uploads/sites/8/2021/06/act770752004fr.pdf

ASF. *La mise en œuvre judiciaire du Statut de Rome en République démocratique du Congo*, Belgique, 2014. Non paginé. Disponible sur : https://asf.be/wp-content/uploads/2014/04/ASF_IJ_Mise-en-oeuvrejudiciaire-SDR_2014.pdf.

ASF. *Étude de jurisprudence — L'application du Statut de Rome de la Cour pénale internationale par les juridictions de la République démocratique du Congo*, Belgique, 2009. Non paginé. Disponible sur :https://www.asf.be/fr/blog/publications/asf_case study_romestatute_light_pageperpag e/

BARDET, Céline. *Je ne suis pas une arme de guerre. Et vous ?* Non paginé. Disponible sur : https://www.youtube.com/watch?v=N6d6yM-jt94

Congo Forum. Le procès Gédéon considéré comme un procès décisif. Non paginé. Disponible sur : https://www.congoforum.be/fr/2009/03/21-03-09-iwpr-le-proces-gdonconsidr-comme-un-proces-dcisif/

FIDH. *RDC Les victimes de crimes sexuels obtiennent rarement justice et jamais réparation, changer la donne pour combattre l'impunité*, 2013. Non paginé. Disponible sur : https://www.fidh.org/IMG/pdf/rapport_rdc.pdf

Jeune Afrique. *La RDC « capitale mondiale du viol »*, 28 avril 2010. Non paginé. Disponible sur : https://www.jeuneafrique.com/155899/societe/la-rdc-capitalemondiale-du-viol/

Jeune Afrique. *RDC : appel international à la création d'un tribunal pénal international,* 12 août 2013. Non paginé. Disponible sur : https://www.jeuneafrique.com/169184/politique/rdc-appelinternational-la-cr-ation-d-un-tribunal-p-nal-international/

Stony Brook Medicine. *New study shows rape in the Democratic Republic of Congo widespread,* 11 mai 2011. Non paginé. Disponible sur : https://www.newswise.com/articles/new-study-shows-rape-in-thedemocratic-republic-of-congo-widespread?section=latest&previous_id=576725

X. FILMOGRAPHIE

Du sang dans nos portables, documentaire de Canal plus, diffusé le 13 décembre 2007.

La Cité de la joie, documentaire d'Allyson Luchak et Netflix, de Gavin Madeleine, diffusé en 2016.

L'Afrique en morceaux, documentaire de Jihan El Tahri, Peter Chappell et Hervé Chabalier, diffusé en 2000.

L'homme qui répare les femmes : la colère d'Hippocrate, documentaire de Les films de Thierry Michel, diffusé en 2016.

Libye anatomie d'un crime, documentaire de Arte France et Cinétévé, de Allegra Cécilé, diffusé en 2018.

Le viol, une arme de guerre au Congo, documentaire de SWR, diffusé en 2014.

Zaïre : le fleuve de sang, documentaire de France-Télévisions diffusé dans l'émission La marche du siècle de Jean-Marie Cavada, Pascal Richard et Jean-Marie Lemaire en juin 1997.

TABLE DES MATIÈRES

PARTIE I. LA QUALIFICATION DES VIOLENCES SEXUELLES PAR LE JUGE MILITAIRE CONGOLAIS 31

CHAPITRE I. L'INTERPRÉTATION DE LA NOTION DE VIOLENCE SEXUELLE 33

Section I. L'acte de nature sexuelle 34

Paragraphe I. La redéfinition nécessaire du viol entreprise par le juge militaire 34

I. L'Évolution de la notion du viol 35

II. La prise de possession du corps d'une personne et son intention 37

Paragraphe II. La poursuite limitée des autres violences sexuelles 42

I. L'absence de poursuite des autres violences sexuelles 42

II. La poursuite fréquente de l'esclavage sexuel 45

Section II. Les circonstances de la commission des violences sexuelles 48

Paragraphe I. Les Éléments coercitifs des violences sexuelles.. 48

I. L'existence de circonstances coercitives 48

II. L'environnement coercitif 50

Paragraphe II. Les circonstances aggravantes et atténuantes en matière de violences sexuelles 53

I. Le recours fréquent à des circonstances atténuantes 53

II. L'absence récurrente de prise en compte de circonstances aggravantes 56

CHAPITRE II. LA QUALIFICATION DES VIOLENCES SEXUELLES COMME CRIMES INTERNATIONAUX 59

Section I. Les éléments constitutifs du crime contre l'humanité 61

Paragraphe I. Les éléments matériels 61

I. Le caractère généralisé et systématique de l'attaque 61

II. Rejet de l'élément politique pour l'attaque générale 64

Paragraphe II. L'élément psychologique 68

I. La connaissance de l'attaque et des violences sexuelles commises dans l'attaque 68

II. L'intention de commettre l'infraction dans la cadre de l'attaque 70

Section II. Les éléments constitutifs du crime de guerre 71

Paragraphe I. Les Éléments matériels 71

I. L'existence d'un conflit armé interne ou international.... 71

II. Les personnes protégées 75

Paragraphe II. Les éléments psychologiques des violences sexuelles constitutives du crime de guerre 78

I. Lien entre le comportement criminel et le conflit armé .. 78
II. Connaissance de l'existence d'un conflit armé 78

PARTIE II. L'ÉTABLISSEMENT DE LA RESPONSABILITÉ PÉNALE ET CIVILE EN MATIÈRE DE VIOLENCES SEXUELLES 81

CHAPITRE I. L'ÉTABLISSEMENT DIFFICILE DES RESPONSABILITÉS PÉNALES INDIVIDUELLES 83
Section I. L'identification des responsabilités pénales individuelles *84*
Paragraphe I. La commission personnelle et conjointe............. 85
I. L'auteur moral, matériel et le co-auteur 85
II. La théorie de la criminalité d'emprunt 88
Paragraphe II. Les motifs d'exonération de la responsabilité pénale individuelle 91
I. Les faits justificatifs 91
II. Les causes de non-imputabilité 92
Section II. La poursuite du chef militaire et supérieur hiérarchique *94*
Paragraphe I. La mise en œuvre de la responsabilité du chef militaire et supérieur hiérarchique 95
I. L'évolution des éléments constitutifs de la responsabilité du supérieur hiérarchique 95
II. L'appréciation des éléments de la responsabilité du chef militaire ou du supérieur hiérarchique 98
A. La situation de chef militaire ou de supérieur hiérarchique 98
B. Un commandement et un contrôle ou une autorité effective sur les forces.. 99
C. La connaissance des crimes ou la volonté délibérée de ne pas s'en informer.. 99
D. Le chef militaire n'a pas pris toutes les mesures nécessaires et raisonnables qui étaient en son pouvoir pour empêcher l'infraction 100
Paragraphe II. La poursuite des violences sexuelles commises par les chefs militaires FARDC 101
I. L'échec de la poursuite des chefs militaires FARDC..... 101
II. Étude de cas des violences sexuelles commises par la 14e brigade des FARDC 104
CHAPITRE II. LA RESPONSABILITÉ DE L'ÉTAT CONGOLAIS.. 107
Section I. La responsabilité administrative de l'État congolais *108*
Paragraphe I. Les causes de la responsabilité administrative 108
I. La sécurité des personnes garantie par le service public 108

II. La mission protectrice des FARDC, des agents de police et des groupes armés ... 110
Paragraphe II. Fondement juridique de la responsabilité administrative de l'État congolais ... 113
I. La notion de faute du service public ... 113
II. L'interprétation large de la faute du service public ... 115
Section II. La responsabilité civile de l'État congolais ... *116*
Paragraphe I. Les fondements de la responsabilité civile de l'État congolais ... 116
I. Les articles 258 et 260 du Code civil ... 116
II. La théorie de la socialisation de la responsabilité ... 118
Paragraphe II. La mise en œuvre de la responsabilité civile de l'État congolais ... 119
I. Le dommage ... 119
II. L'existence d'un lien entre le dommage, l'agent et l'État ... 120

PARTIE III. L'ÉTUDE DE LA PREUVE EN MATIÈRE DE VIOLENCES SEXUELLES ... **123**

CHAPITRE I. LES TYPES DE PREUVES RETENUS EN MATIÈRE DE VIOLENCES SEXUELLES PAR LES JURIDICTIONS MILITAIRES CONGOLAISES ... 125
Section I. Le témoignage de la victime de violences sexuelles ... *126*
Paragraphe I. La position paradoxale du juge militaire face au témoignage de la victime ... 126
I. La reconnaissance de la place prépondérante du témoignage de la victime ... 127
II. La méfiance du juge militaire envers le témoigne de la victime ... 129
Paragraphe II. La protection des victimes de violences sexuelles ... 133
I. La lente application des mesures de protection des victimes de violences sexuelles ... 133
II. L'intimidation perpétuelle des victimes de violences sexuelles avec l'affaire *Cheka* ... 136
Section II. Les autres preuves ... *137*
Paragraphe I. Les témoins et l'aveu du prévenu ... 138
I. Le témoin direct, indirect et l'expert ... 138
II. L'aveu du prévenu ... 142
Paragraphe II. Les preuves matérielles ... 143
I. La preuve médico-légale ... 144
II. Les preuves documentaires et les indices ... 146
CHAPITRE II. LA LIBERTÉ D'APPRÉCIATION DE LA PREUVE EN MATIÈRE DE VIOLENCES SEXUELLES ... 149

Section I. L'administration de la preuve par le juge militaire 150
Paragraphe I. Le régime général d'admissibilité de la preuve 150
I. La charge de la preuve portée par le ministère public .. 150
II. Les critères généraux relatifs à l'admissibilité de la preuve 152
Paragraphe II. L'intégration de problématiques sexospécifiques dans l'admissibilité de la preuve en matière de violences sexuelles...... 154
I. L'abandon de la corroboration du témoignage des victimes 155
II. L'absence du recours aux comportements et habitudes sexuels des victimes...... 157
Section II. L'évaluation de la preuve par le juge militaire .. 158
Paragraphe I. Le standard « au-delà de tout doute raisonnable » 159
I. L'interprétation du standard « au-delà de tout doute raisonnable » par le juge militaire 159
II. Le standard de la « vraisemblance »...... 161
Paragraphe II. L'intime conviction du juge militaire 162
I. Les limites de l'intime conviction du juge militaire...... 162
II. Rabaissement du standard de la preuve propre à la réparation du dommage...... 164
CONCLUSION 167
BIBLIOGRAPHIE 171

Structures éditoriales du groupe L'Harmattan

L'Harmattan Italie
Via degli Artisti, 15
10124 Torino
harmattan.italia@gmail.com

L'Harmattan Hongrie
Kossuth l. u. 14-16.
1053 Budapest
harmattan@harmattan.hu

L'Harmattan Sénégal
10 VDN en face Mermoz
BP 45034 Dakar-Fann
senharmattan@gmail.com

L'Harmattan Cameroun
TSINGA/FECAFOOT
BP 11486 Yaoundé
inkoukam@gmail.com

L'Harmattan Burkina Faso
Achille Somé – tengnule@hotmail.fr

L'Harmattan Guinée
Almamya, rue KA 028 OKB Agency
BP 3470 Conakry
harmattanguinee@yahoo.fr

L'Harmattan RDC
185, avenue Nyangwe
Commune de Lingwala – Kinshasa
matangilamusadila@yahoo.fr

L'Harmattan Congo
219, avenue Nelson Mandela
BP 2874 Brazzaville
harmattan.congo@yahoo.fr

L'Harmattan Mali
ACI 2000 - Immeuble Mgr Jean Marie Cisse
Bureau 10
BP 145 Bamako-Mali
mali@harmattan.fr

L'Harmattan Togo
Djidjole – Lomé
Maison Amela
face EPP BATOME
ddamela@aol.com

L'Harmattan Côte d'Ivoire
Résidence Karl – Cité des Arts
Abidjan-Cocody
03 BP 1588 Abidjan
espace_harmattan.ci@hotmail.fr

Nos librairies en France

Librairie internationale
16, rue des Écoles
75005 Paris
librairie.internationale@harmattan.fr
01 40 46 79 11
www.librairieharmattan.com

Librairie des savoirs
21, rue des Écoles
75005 Paris
librairie.sh@harmattan.fr
01 46 34 13 71
www.librairieharmattansh.com

Librairie Le Lucernaire
53, rue Notre-Dame-des-Champs
75006 Paris
librairie@lucernaire.fr
01 42 22 67 13

www.ingramcontent.com/pod-product-compliance
Lightning Source LLC
LaVergne TN
LVHW010944061026
849535LV00007B/2564
* 9 7 8 2 1 4 0 2 9 1 5 4 8 *